胡狼拜月◎作品

# 雪月花时最忆君

那些静寂如斯的红颜

浙江大学出版社
ZHEJIANG UNIVERSITY PRESS

**图书在版编目(CIP)数据**

雪月花时最忆君：那些静寂如斯的红颜/胡狼拜月
著. —杭州：浙江大学出版社，2012.4
ISBN 978-7-308-09261-6

Ⅰ.①雪… Ⅱ.①胡… Ⅲ.①女性—列传—中国—古
代 Ⅳ.①K828.5

中国版本图书馆 CIP 数据核字（2011）第 223156 号

**雪月花时最忆君**

——那些静寂如斯的红颜

胡狼拜月　著

| | | |
|---|---|---|
| **责任编辑** | 胡　　畔 | llpp_lp@163.com |
| **封面设计** | 居　　居 | |
| **出版发行** | 浙江大学出版社 | |
| | （杭州市天目山路 148 号　邮政编码 310007） | |
| | （网址：http://www.zjupress.com） | |
| **排　　版** | 杭州大漠照排印刷有限公司 | |
| **印　　刷** | 杭州杭新印务有限公司 | |
| **开　　本** | 710mm×960mm　1/16 | |
| **印　　张** | 18 | |
| **字　　数** | 190 千 | |
| **版印次** | 2012 年 4 月第 1 版　2012 年 4 月第 1 次印刷 | |
| **书　　号** | ISBN 978-7-308-09261-6 | |
| **定　　价** | 32.00 元 | |

# 【目录】

# 【自序：锦瑟华年谁与度】

　　天黑了，孤独又慢慢地割着。有人的心又开始疼了。爱很远了，很久没再见了，就这样竟然也能活着。

　　你听寂寞在唱歌，轻轻的，狠狠的，歌声是这么残忍，让人忍不住泪流成河。谁说的，人非要快乐不可，好像快乐由得人选择。找不到的，那个人来不来呢？我会是谁的，谁是我的。

清冷的月光洒落一地，犹如阿桑的浅吟低唱，清澈、空灵。

翻开史书或者野史传奇，有多少个孤单背影，静寂如斯，饶是她们红唇皓齿,容颜明丽,纤腰楚楚,到头来依旧只是空对着菱花镜梳妆,与青山绿水共为邻,着一袭落寞。

任是枇杷巷中惊才绝艳的一代名妓,还是红颜薄命的一世才女,抑或恢弘宫廷中备受尊崇的后妃,甚至是母仪天下的一国之母,她们的寂寞,将对何人诉说?

谁记当时眉黛颦,尘封的历史掩盖了她们曾经多彩却落寞的岁月。无论后世如何猜测还原,那些如花红颜留下的只是历史帘幕后的一袭寂寞身影罢了。

锦瑟无端五十弦,一弦一柱思华年。弦多而音繁,未知这拨弄之人是否也感慨着岁月逝去的匆匆。

宫商角徵羽,轻拢慢捻抹复挑,段段时光,都在这温婉的乐音中娓娓道来。看起来,仿佛她们的生命充满着瑰丽的色彩。

然而,她们的命运却往往不由自己把握,别人看起来光华灿烂的一生,在她们看来只不过是一纸苍白。

婚嫁不自由,生死不自由,不管是那些曾经幻想过的举案齐眉的张敞画眉,还是执手偕老的儿孙满堂,到头来,都只不过是记忆深处最初的美好罢了。

那唱着花落花开不管流云度的苏家小小,留给后人的是红颜薄命的慨叹;那有着宋代侠女之名的烈女严蕊,待得冤屈洗尽,又该何去何从? 秋水为名,恬静为思,然而却只能是如那古井之水般静静老去的沈秋水;一代女画家潘玉良,远涉重洋,只是为了证明自己的才华,然而她最期盼能见证她的美好的人却早已不在身边……

命运多舛,幸得最终落叶归根。与陆游青梅竹马的唐琬,纵使贤良端庄，却依然不能讨得婆婆欢心，只得与陆游各自东西；传说中的林黛玉原型冯小青，遇人不淑，百般孤寂，只能靠着依恋自己的影子而生存；清朝第一才女贺双卿，自学成才，却只能带着无尽才学亡于丈夫和婆婆的虐待；敢给帝王脸色看的徐妃昭佩，半面妆的掩映下是一颗试图挽救破碎爱情的心；顶着乐平公主头衔的杨丽华，迷失在自己公主与皇后的双重身份中；那被后世尊为"隋唐第一美人"的萧皇后，在权力与动荡之间辗转流离；清朝末代皇太后叶赫那拉·静芬，从来没有享受过权力的甘美，却要背负着整个朝代亡于自己之手的愧疚郁郁而终。

她们的命运之舵不由自己掌握，然而她们却有千万个不甘，她们挣扎过，努力过，却依旧不能逃脱宿命。她们的一生，爱情、亲情、理想，乃至人生，都仿佛活在他人安排的布局中，再怎么想挣脱，都依然只能是无奈。

电影《夜宴》中，青女一袭白衣，在妖艳吊诡的血色大殿中清唱《越人歌》："山有木兮木有枝，心悦君兮君不知"，无人懂得，轩敞的大殿仅剩她一个单薄的身影，愈发显得无限落寞。

山间竹屋之中，程英在纸上反反复复写下"既见君子，云胡不喜"，杨过只能是装作不懂，碧箫一支，青衫女子淡定从容，却注定要孤老林泉。

胡斐温暖的怀抱中，程灵素嘴角慢慢溢出七星海棠的毒血，心中只有对他和袁紫衣的祝福，宽厚而亡，只剩下他心中永远的妹子这样一个位置。

或许动情，或许一生连动情的机会都不曾有过，她们的一生就这样如流水般逝去，故纸堆中，甚至连她们的巧笑嫣然，喜怒哀乐都不曾留下。

雪、月、花都是短暂消逝的美丽意象,川端康成在获得诺贝尔文学奖时曾引用了白居易"雪月花时最忆君"这句诗。这些如花般绽放过的红颜,在历史的长河中,也终究不过是雪月花一场,美丽,却透着薄凉的哀伤,让人不知不觉间淡忘。

还有什么比被人遗忘更加令人感到悲哀的呢? 未知当时眉黛颦,还有谁曾记得她们?

到头来,终究是如烟梦一场,散尽薄凉。

那么,就让我们暂且进入梦中,看看这些曾经婉兮轻扬的女子吧。

# 衾破淡烟人依旧

## ——史上第一处女皇后张嫣

系余童稚兮入椒房，默默待年兮远先皇。

命不辰兮先皇逝，抱完璞兮守空床。

徂良宵兮华烛，羡飞鸿兮双翔。

嗟富贵兮奚足娱，不如氓庶之糟糠。

长夜漫漫兮何时旦，照弱影兮明月凉。

被后人尊为"花神皇后"的张嫣是汉惠帝的姐姐鲁元公主和宣平侯张敖的女儿,汉惠帝刘盈的外甥女,汉惠帝的正宫皇后,是汉代第二位皇后,在她身上有着各种各样的"第一":

她是第一位经过大婚册立由正宫门抬进的皇后;

她是第一位乱伦婚姻下的皇后;

她是第一位处子皇后,更是以处子之身抚养各嫔妃之子为己子的皇后;

她是第一位丈夫去世后人还健在却未能成为皇太后的皇后;

她是第一位被废(汉光武帝刘秀的皇后郭丽华是第一位被当朝皇帝废掉的皇后),被人遗忘在角落的皇后;

她更是第一个死在冷宫中的皇后。

## 照弱影兮明月凉

一年又一年，独坐冷宫中，张嫣依旧每日无事可做，就像当初在冷宫之外一样。如今，她每日脑海里浮现的，也只是些微的回忆罢了。十数载宫廷生活留给她的，并无美好的记忆。

昔日，从一开始的愕然离家出嫁，到外祖母送来各种孩子命自己假冒是自己亲生的惊恐，到后来渐渐麻木宫中的各种事情。

这些都像看不见的潮水向她涌来，直至将她完全吞没，无论如何挣扎，仿佛都不能挣脱。

其实，人生中还是有很多值得回忆的事情的：比如十岁以前她还在父母身边的时候，美丽端庄的母亲对自己甚为爱怜，慈祥的父亲更是对自己宠爱有加，那时候的舅舅、后来的夫君在自己随母亲进宫觐见外祖母的时候，还会把自己抱在膝上逗自己玩。

只可惜，十岁那年，一道圣旨，就此改变了自己的命运。这么多年在提心吊胆与麻木中矛盾交织，幼年的家早已印象模糊，父亲母亲的模样，也渐渐变得极不清晰。

还记得舅舅刚死的时候，外祖母扑倒在他身旁，竟然一滴眼泪也不曾流，原来她所贪恋的，只剩下了权势①；还记得外祖母将那个不知是哪个苦命女子生下的孩子认作是她张嫣的儿子继承大统；

---

① 吕后未流泪见于《史记·吕太后本纪》："七年秋八月戊寅，孝惠帝崩。发丧，太后哭，泣不下。"

还记得,吕后死后诸吕被除,仅剩下自己,因百官认为无关紧要,于是被遣送到了这冷宫。

原来对于各家拥护刘姓的朝臣而言,自己不好不坏,只是个无关紧要的人而已;而对于吕家,自己自始至终不过是一件巩固权势的工具罢了。迎娶为后,甥舅联姻,不过是想亲上加亲,巩固吕家的地位;强塞他人之子给自己,更是为了进一步控制整个汉室江山。实际上,在这些人眼中,自己不过只是一个木偶,提线活动的全是他人,不过是借了自己之手。

又下雪了,纷纷扬扬的寂静雪花仿佛往事一般在眼前洒落。这冷宫清冷,常年相伴的,仅一床、一桌、一椅。手执木梳,梳齿滑过青丝,还记得小时候母亲取笑自己发质不好,还说这样如何留得长发嫁得个好夫婿,可以对镜梳妆,相伴白头。

一梳梳到底,这一生也就这样过了。留得长发绾君心,而这长发是否能绾得住有父母相伴的童年?

放下木梳,她笑了笑,望着窗外,这雪下得更大了呢,身着薄衫,屋里仿佛更冷了。

渐渐地,好像身体没有那么冷了,朦胧间似乎看到了父亲母亲的面庞,好想伸手去触摸,去感受是否是真实,然而眼皮却变得越来越沉,仿佛是困到不行。

一夜北风紧,北宫外白雪皑皑,前来送饭的宫女推开门,却发现这位安静了一生的皇后已安静地合上了她的双眼。

没有哀悼,没有披麻戴孝,仿佛宫中的一片落叶一般,静静离去。

宫中命妇们按例为她检查尸体,准备入殓下葬。然而,此时却有了一个惊人的发现：原来这位温润如水的皇后至死仍是处子之身！念及张氏一生的命运，众人不由得感慨万分，悲伤地为她殓葬。

《古今宫闱秘记孝惠张皇后外传》中曾记载了这样一首诗：

> 系余童稚兮入椒房①，默默待年兮远先皇。
>
> 命不辰兮先皇逝，抱完璞兮守空床。
>
> 徂良宵兮华烛，羡飞鸿兮双翔。
>
> 嗟富贵兮奚足娱，不如氓庶之糟糠。
>
> 长夜漫漫兮何时旦，照弱影兮明月凉。
>
> 聊支颐兮念往昔，若吾舅之在旁。
>
> 飘风回而惊觉兮，意忽忽若有亡。
>
> 褰罗帐兮拭泪，踪履起兮彷徨。
>
> 群鸡杂唱而报曙兮，思吾舅兮裂肝肠。
>
> 冀死后之同穴兮，傥觐地下之清光。

诗歌太过凄丽，充斥着无法言说的忧伤。诗歌中那种相依相伴的感情读来伤人心肠。想来可能是后人代其言所作，正如蔡文姬的《胡笳十八拍》。

欢喜不像悲哀，太过浓厚的悲伤，伤及自身，当事人反而不易表现出来，就像《倚天屠龙记》中所提到的金毛狮王谢逊的武功七伤拳：伤了他人，其实已先伤了自己。

---

① 椒房：西汉未央宫皇后所居殿名，椒房殿亦称椒室。因以椒和泥涂墙壁，取温暖、芳香、多子之义，故名。后亦用为后妃的代称。《汉书·车千秋传》颜师古注："椒房殿名，皇后所居也，以椒和泥涂壁，取其温而芳也。"

故而,能将毕生情感寄托于一身者写出的文字反而还不如其他人,而能写一手漂亮挽辞的未必是用情至深。诚如元稹所写的悼亡诗,"曾经沧海难为水,除却巫山不是云",令人辛酸,而他本人却顶着花心大萝卜的名声。

因此,这诗歌中的哀伤对于张嫣的描绘是甚为恰当的。入椒房,以椒和泥涂墙壁,取温暖、芳香、多子之义,意喻"椒聊之实,蕃衍盈生"。而这样的含义对于她而言,恐怕更多的是讽刺和无助吧。

文中刻画了她一生的寂寞,中年的孤苦无助。她和汉惠帝生前没有夫妻之实,也没有夫妻情分,却有着深厚的亲情。

年幼时她进宫的机会颇多,和舅舅惠帝想来也是有几分亲近的。此后惠帝虽名义上是他的丈夫,实际上却是她舅舅。在汉初黑暗压抑的宫廷中,她能依靠的,也许就是这种淡淡的牵系却无法归属的情感。

然而随着惠帝之死,这些微的牵连也断却了,不知该称丈夫还是该称舅舅的矛盾也结束了,而痛苦是否能就此终结?

史上第一处子皇后、第一位乱伦婚姻下的皇后……历史上关于她的"第一",有太多太多,而这些身份,都是旁人强加给她的,正史中,连她一件主动去做的事,她的一句话都没有只言片语的记载,史书中只是简单地记录了她入宫、被废弃的事情。

她以处子之身默默地等待了二十多年,而她死后,宫中不曾悼念,不曾为她立碑,甚至连象征性的碑文都没有。

名字只是一个符号,然而却是一个人存在过的代表。但如若历史的卷册上一个人只剩下了一个名字,和一串别人所赋予她的身份，那无疑是巨大的悲哀。这样的一个人，究竟是她自己，还是仅仅是这些身份的载体？

后世人以她的品行，将她尊为花神，魏晋时期也有人尊奉她为蚕神，并纷纷立庙，定时享祭。

花神意味着美丽端庄，更意味着一身姹紫嫣红，然而她的一生虽是荣华鼎盛，却只是一片苍白。与其尊她为花神，倒不如说她是白牡丹仙子，一生纯洁无瑕，然而却柔弱无比，只能随风摇曳，可叹可悯。

### 甥舅联姻终身误

孝惠皇后，本是吕后和刘邦的女儿鲁元公主和宣平侯张敖的长女，汉惠帝刘盈的外甥女。魏晋时期学者皇甫谧称其为张嫣，在颜师古批注的《前汉书》中又称其字孟娭，小字淑君。她后来嫁与舅舅汉惠帝刘盈，被立为皇后。

张嫣自幼生得美丽端庄，再加上身份高贵，自然是从小备受家族长辈的疼爱。

吕后在刘邦登基前曾为他育得鲁元公主和汉惠帝刘盈。和其他帝王家那些儿女一出生便由专人抚养，每日只是等待儿女问安的母亲不同，吕后带着这双儿女，颠沛流离受尽苦头，甚至在逃难的时候刘邦嫌马车载人太多速度太慢还把儿女都扔了下去，这在同样曾被刘邦抛给项羽做人质的吕后看来，自然更是痛彻心扉。

同样曾遭受过被抛弃的命运，吕后对这双儿女当然更是疼爱有加,希望能将刘邦所带给他们的苦难加倍补偿。这一点倒和唐代宗与韦氏对待安乐公主类似①。

故而,当刘邦的原配罗氏所生的儿子刘肥前来认亲,得罪了吕后,便有人给他出主意,说吕后最心疼的便是她的女儿,只要哄好了鲁元公主,那么吕后的气自然也就消了。

因此刘肥战战兢兢,献上城池,说是要做鲁元公主的洗澡池,并以侍奉母亲的礼节来献礼,才得以安全回到自己的封地,暂且保命。

鲁元公主的夫婿张敖,自然也是让吕后爱屋及乌。而身为鲁元公主之女的张嫣,更是受尽宠爱,时常出入宫中,深受吕后喜爱。

不过刘邦却不喜欢这个女婿张敖,而刘邦和吕后双方政治势力的此消彼长,导致张嫣自幼便在政治漩涡中长大,但也刺激了吕后对女儿鲁元公主一家更加优待。

但世事并不像吕后想的那么简单,或者说此刻吕后的权势尚未达到后来令刘邦只能是看着戚夫人跳折腰舞而慷慨悲歌的地步。汉高祖九年,刘邦突然派使者赶往赵国,将赵王张敖和赵国丞相贯高、赵午等人一起抓至长安问罪。

一直夫妻恩爱的鲁元公主不明所以,只得赶紧派人向宫中的吕后打听情况,这才知道原来又是刘邦的流氓脾气惹的祸。

张敖的爵位本来是继承父亲张耳的,都说帝王将相世家,第一

---

① 安乐公主:唐中宗李显幼女,母亲为韦后,本名李裹儿。生于684年,其时正值武则天贬黜李显至房陵。她出生时,中宗脱下自己的衣服来包住婴儿,故命名裹儿。在中宗复位后深受中宗和韦后宠爱,甚至被册立为"皇太女"。

代是马上天下,第二代是笔墨天下,偏偏刘邦是个乱世投机主义者又是在马上得的天下,故而恭顺有礼的谦谦君子张敖自然不如他爹张耳更入刘邦的法眼。

只是当时张耳在世,帝王一诺千金,不好做出悔婚之举。好在眼不见心不烦,张敖在他自己的封地里,两人一年也见不了几次面,虽不满意这女婿可凑合着也就过了。

然而两年前,匈奴进犯,刘邦带兵亲征,路过赵国。张敖亲自出城迎驾这位老丈人,并且招待得殷勤周到、有礼有节。可惜摊了刘邦这么个流氓岳父,不但对他傲慢无礼,还动辄就辱骂发火,张敖好脾气,忍气吞声,心想就这样算了。

不料张敖顾忌岳父,他手下的人却不顾忌,张敖的股肱之臣贯高和赵午两人见少主居然受这么大的欺辱,愤恨不已,本来他俩就是老赵王临终托孤之人,便相约要为张敖出气,居然想出了个弑君换天的法子。

张敖一听,这还了得,这可是满门抄斩的大罪,让他们不要再说下去,同时自己发誓绝不谋反。

张敖这种做法其实只是掐灭了表面上的火焰,而未从根本上解决问题。一方面,如果这两人起心派刺客去行刺刘邦,不管最终结果如何张敖都脱不了关系;另一方面,如果这话被好事者听到,到刘邦那里去告密,那么张敖也不见得有好下场。

果不其然,张敖这两个手下也是没远见的,居然谋划道:"大王生性仁厚,不忍背弃刘邦。不如我等去行刺皇帝,事成自然是好,不成功,那么我俩就成仁吧。"他们真的就傻乎乎地派了几名刺客去跟踪刘邦,可惜未有下手的机会,这事也就不了了之。

要是张敖足够聪明或者能够洞悉刘邦的脾性,在贯高两人提出建议之时就把两人绑到刘邦面前,表明自己的忠心,那么这两人也保了性命,估计也没后面的行刺之举,至少张敖可以撇清关系,可惜这不过是假设而已。

事实是过了几个月,贯高得罪了赵王府的一名亲信,这人挟私报复,便向刘邦告发了贯高和赵午行刺之事。刘邦自然是勃然大怒,不问青红皂白,大老远就把张敖抓来问罪。

吕后得知后,心想自己儿女都受了不少苦,如今连女婿也要受罪,自然是着急去找刘邦辩护,说张敖已是皇家的女婿,又何来谋反之心。刘邦自然不听,一句话驳回:"张敖若得天下,难道还少你一个女儿吗?"

可以想见吕后当时对刘邦的愤恨,刘邦此刻的行为进一步刺激了吕后对权力的渴望。这些点点滴滴的累积,使得吕后从之前的一步步喏喏无助,甚至差点看着自己的女儿鲁元公主远嫁和亲,到最后请来商山四皓,巩固儿子的太子之位,甚至于后来心狠手辣地将情敌戚夫人变成"人彘",可见宫廷生活不仅可以给人安乐享逸,也会带来至亲之间的钩心斗角①。

然而,审问人员碍于吕后的面子,不敢拷问张敖,只是向贯高施刑,迫使他说出背后主谋。这贯高倒是不负张耳托孤的遗命,将所有责任都承担了下来,打死都说和赵王毫无关系。即使是被折磨得几近残废,他也不肯诬陷赵王。

---

① 商山四皓见于《史记·留侯世家》,戚夫人受刑见于《史记·吕太后本纪》:"太后遂断戚夫人手足,去眼,煇耳,饮瘖药,使居厕中,命曰"人彘"。居数日,乃召孝惠帝观人彘。"

贯高对张敖的忠贞打动了刘邦，刘邦派人前去调查，确认贯高所说的是实情，将张敖从牢里放了出来，然而他对这个女婿还是横挑鼻子竖挑眼，凭空将他降为侯，剥夺了他原先的封地。

这场变故对张敖一家真是天降祸事。从今以后他的生活更加是战战兢兢，如履薄冰。

张嫣自幼得父母教导，除了端庄美丽，更多的恐怕是小心翼翼。自从张敖降为侯爵，全家便迁居长安，张嫣也多了入宫的机会。吕后必定也是疼爱她的。她的温柔安静，也颇得舅舅惠帝喜欢。

然而，高祖驾崩，惠帝即位，因为要为父亲守孝三年，故而不立皇后。但倒霉的太子妃还没等到孝期满就死了，当时还未曾有追封的说法，因此这位薄命的太子妃死后连个追封的名位都没有。另一方面，因为太子妃的去世，导致惠帝后宫正宫虚位以待。

经过一番权衡，吕太后为了巩固吕家的地位，相中了自己的外孙女张嫣，一举立她为后。张嫣一生的悲剧就此降临。当时惠帝十九岁，张嫣还不过是个十岁的女童。

虽说吕太后独揽大权，然而如此有违人伦的事情居然没有人敢出来力谏。成就这桩婚事的理由是张嫣美貌端庄、出身高贵，而甥舅关系并不包括在五伦之内。甚至有人以战国时期晋文公娶姐夫秦穆公的女儿怀嬴来作比喻。

这比喻真是荒谬，怀嬴并不是晋文公的亲姐姐秦穆夫人所生，另一方面，他逆伦娶怀嬴是因为怀嬴曾是他的侄媳妇，但两人并没有实际的血缘关系。而张嫣和汉惠帝，分明是亲生甥舅血缘，可见这一婚事之荒唐。

也许有人说，你怎么就知道张嫣是惠帝的亲外甥女呢？如若张嫣仅是张敖的姬妾所生，那么二人自然就不存在血缘关系了。

然而，根据史书的记载，张嫣确实是"鲁元公主之女"①。

还有一个很重要的原因，吕后费尽心思想的便是巩固吕家的地位，如若她想亲上加亲，自然不会找来一个外姓女子安插在儿子身边，按她对女儿的宠爱程度，她自然也做不到将女儿情敌的女儿送入宫中，然后看着女儿悲伤，那不是把张嫣变成另一个她所仇恨的戚夫人了吗？

至于从此牺牲了张嫣的爱情她是不在乎的，对于此时的吕太后来说，爱情远远排在生存之后。能保得张嫣一生荣华富贵平安，这才是最重要的。

因此，这桩婚事是一场彻头彻尾的闹剧加悲剧。

公元前 192 年，问名，册立，昭告天下，大典，天地见证，繁花盛开，这位中国历史上第一位经过大婚册立的皇后便由正门抬进，从此命运开启了另一扇门。

### 假为婚兮苦相守

婚后的张嫣，她的丈夫汉惠帝未曾同她有过夫妻之实。汉惠帝还不是灭绝人性之人，故而只是对张嫣很好，却未召幸她。

张嫣漂亮吗？很多人关心这一问题，野史和各类小说将她的

---

① 张嫣是"鲁元公主之女"之说出自《史记》。

美极力放大，加之她命途多舛，故而人们常将其描绘为一个温柔淑丽的绝代佳人。

野史的夸张笔法并不奇怪，不过讲张嫣容貌端庄，想来却无争议。她的父亲张敖是当时著名的美男子，被称赞是"古之子都徐公不能过也"①，故而颇能"尚主"。而她的母亲鲁元公主，自幼少受当时的化妆品中的铅粉毒害，加之后天得享荣华保养有佳，想来应是位美人。

这样看来，无论是像父亲还是像母亲，张嫣的先天基因都是蛮好的，按推测确是位美人。

而晋人的《孝惠皇后外传》如此记载张嫣的容貌：

> 容与德皆极美而幽废；皇后蛾眉凤眼，螓领蝉鬓，两颐丰腴，耳白如面，其温淑之气溢于言表，似长公主，而面格长圆，似宣平侯，或但遥见其肩背，即已叹为绝代佳人……张皇后之美，端重者逊其淑丽，妍媚者让其庄严，明艳者无其窈窕，虽古庄姜、西子，恐仅各有其一体耳。……全体丰艳，其肌肤如凝脂，如美玉，后身不御芗泽，而满体芬馥如芝兰。

可能有人就会说了，既然张嫣如此美丽，而惠帝又非禽兽之人，那么为何当初会任凭吕后做主，娶张嫣为后，白白耽误了自己的外甥女？

这便要追溯到惠帝刚即位时了，此时的惠帝早已看破世事，沉

---

① "帝见之曰：'美哉！古之子都徐公，不能过也'"，出自《汉鲁元公主外传》，子都徐公，春秋时期的美男子。《诗经·山有扶苏》："山有扶苏，隰有荷华。不见子都，乃见狂且。"《邹忌讽齐王纳谏》记载，城北徐公，齐国美男子。

醉于温柔乡清酒池中。

刘邦驾崩后,惠帝登基,生性仁厚,知道母亲对从前得宠的妃子皇子万般妒恨,尤以戚夫人和赵王如意为首。

在保不住戚夫人的情况下,他不希望兄弟相残,千方百计照料好弟弟赵王如意。没承想吕后还是把如意从封地骗到了京城。惠帝无奈,只好亲自迎接弟弟,和弟弟同吃同住,怕母亲痛下杀手。只可惜人算不如天算,一日惠帝早起,见如意尚在睡梦中,便独自去打猎,归来时如意已遭吕后用鸩酒毒杀。

受尽从小颠沛流离生活的惠帝却受不了宫廷争斗的血腥残暴,变得郁郁不乐。吕后见儿子这般"软弱",丝毫没有继承自己的铁血手腕,于是决定下一剂猛药。

一日,惠帝出恭,在厕所见到一团肮脏模糊的东西,吓得召人问是何物,得到的回答居然是这便是当年刘邦身边如花似玉的戚夫人,现在被吕后做成了"人彘"——先罚去舂米,后砍去其四肢,挖瞎双眼,毒成哑巴,害成聋子,只能靠蠕动为活,三日后便死去。

不料这剂药下得太猛,成了虎狼之药,惠帝自此卧病数月,哀叹,把人残害成这个样子,还是人做的事吗?而我还是这样的人的儿子,何等可耻。

看破世事的惠帝心如死灰,对一切自然是听之任之,不闻不问。

娶外甥女为后是何等荒谬的决定,然而他可以反抗吗?他不过是吕后巩固吕家势力的一个傀儡而已,而那位可爱的小外甥女,也要变成另一个傀儡了。

惠帝对于婚事无从抗拒,唯一的办法只能是与张嫣不行夫妻之实,保全人伦。另一方面,戚夫人和赵王如意的死让他觉得这宫廷就是一个巨大的牢笼,纵使自己拼尽全力也不能挣脱,迎娶外甥女更是让他感到难堪。

因此,他将有限的生命投入到无限的酒色财气中,在靡靡中消磨掉自己残存的理智和痛苦。

先是女色,后是男色,根据《史记》的记载,惠帝时期诸多被封为郎中之人都是惠帝的男宠,头戴羽毛装饰的帽子,腰系贝玉带,脸上涂脂抹粉,出入于后宫,有名可查的如闳孺等。

对于张嫣来说,这样的日子恐怕是落寞的。也许年幼之时她并不那么敏感,只是觉得名义上从舅舅变成了丈夫,一时间有些不适应;而等到她豆蔻年华少女多情的时候,惠帝已驾崩。

这有着些微人情依靠之人也舍自己而去,那似舅又似夫君的微妙情感只能寄托于往来的秋风中,不为人所知了。

## 风云突变不思量

他自歇东宫眠西殿,美人枕贵嫔伴;她安安静静,顶着一个皇后的名头。各不相扰,仿佛是树上两片不相干却同样面临着凋零的叶子,然而这天却突然传出天下大喜——皇后诞下皇子。

他敛敛嘴,苦笑,怎么可能? 她亦茫然无知,如何可能? 然而他与她,谁能说个"不"字?

不过都是吕后手上的两颗棋子罢了。凡后宫之中无论谁诞下皇子,吕后都干下夺子杀母的行为,并把孩子塞给张嫣,谎称是皇帝皇后所生。这对从未行过周公之礼的男女又何来儿女？

《前汉书·外戚传》记载：

> （吕太后）欲其（张嫣）生子，万方终无子，乃使阳为有身，取后宫美人子名之，杀其母，立所名子为太子。

这皇子的生母更是不幸，如若是在其他时候，则可以母凭子贵，或者像前朝的薄姬，生下代王（即后来的文景帝），还可以有个依托。

而她这个孩子，无疑成了她的催命符，史料记载中她连个姓氏都没有。这个孩子便是西汉前少帝刘恭——跟她母亲一样，即使是在位五年，也甚少有人留意他。

长期的抑郁压抑，加之酒色过度，婚后三年，惠帝英年早逝（年仅 24 岁），留下了一局残局。

由此，年幼的少帝承了帝位，按理说张嫣也该升为太后，然而事实却是吕太后仍处原位，张嫣寡居宫中，徽号"孝惠皇后"。

从皇后到人尚健在却未能立为太后，她的人生，从来都是被人所支配。

按理说，吕后当初考虑张嫣为后，接着将其他幼子归于她的名下，也是打算在自己百年之后为张嫣铺就一生安稳道路。

因为吕后在惠帝驾崩的时候最担心的便是吕家失去权势，对于一直疼爱的张嫣，恐怕也不只是为了用一桩乱伦的婚事来巩固自己的地位，更深一层的考虑是自己一旦死去，那么张嫣为后，吕氏一族起码可以依附于张嫣，以免招致灭族之祸。如若将张嫣配与吕氏一子，等到自己百年之后，张嫣恐怕也会因为自己的丈夫而不得善终。

这桩看起来荒唐无比的婚事吕后心里的打算是比任何人都要来得精明。

惠帝一死，其实张嫣是可以成为皇太后，垂帘听政，从而将这一计划完整继续下去。

可惜最后的事实却不是这样。因此只能推测张嫣并不是生性淳厚，只能说是某种程度上的胆小怕事。

此外，吕家诸人后来也未曾依附张嫣。因此我们可以说，张嫣的悲剧也有自身的因素。不然，凭借她的资质和权位，完全可以成为垂帘听政的皇太后，手握重权，谁敢给她脸色看？

吕后权衡利弊，只能遗嘱吕产等人辅政，立自己侄子吕禄的女儿为后少帝皇后以保障吕氏一族的地位，而对张嫣，却并无任何嘱托。

此刻的张嫣，无权无势，只得被迫迁入长乐宫，和母家来往有限，而吕家对于这颗棋子也失去了信心，任由其挂着太后的名衔自生自灭。

后少帝四年，吕太后去世，寿62岁，而吕家诸人和刘家宗室的冲突愈发激烈。大臣们立即重新拥护刘氏天下，吕氏一族中吕禄、吕产"恐为大臣、诸侯王所诛，因谋作乱"，而皇后的姐姐、朱虚侯刘章的妻子却担心丈夫受害，竟向丈夫告密，从而成为成功毁灭整个吕氏家族的导火线。

随后的结果向后世"甘露之变"的反方向发展，刘章当即与陈平、周勃联系，矫夺后少帝的符节，杀死相国吕产，随后又处死刘章自己的岳父兼国丈吕禄（果然的成大事者，必果断大义灭亲），接着去功臣樊家杀死老夫人吕须（吕太后的亲妹妹）和她的儿子樊伉。吕氏为官的诸多人口，全被杀死，吕氏一族就此被全部剿灭。而之前帝王座上的前后少帝，皆被冠以"两子非惠帝出"的结论而大加攻击。

此时此刻，惠帝的子女即使不死也要被迫放弃自己在皇家生长的权利而求默默生存下去。

一来，怕有残余吕氏份子拥立惠帝幼子造成混乱，而幼子又难以控制；二来，惠帝幼子与诸大臣没有直接共"鲜血"的经历。因此，后来重立君王的时候诸大臣便直接从刘邦子嗣中考虑，而不是从惠帝子嗣中考虑。

### 长夜漫漫何时旦

经过一番权衡，由于刘邦的儿子基本上已被吕后弄死了，所以群臣考虑起来备选项不太多，更不太差。

长子刘肥，按长幼顺序可以作为第一候选人，只可惜当初他对吕氏一族阿谀奉承，如果将其抬上帝位，估计会让那些拼死拼活灭掉吕氏一族的群臣夜不能寐；而他的舅舅也不是个好惹的主，要是以后再搞出个吕家外戚第二代，那还得了？

而远地的代王刘恒，听说名声好，礼贤下士，年龄不错，不用担心垂帘听政；母亲薄姬当年相当不受宠，妻子出身宫婢，丝毫不用担心外戚问题。

而后，代王顺利被拥立为帝，即汉文帝，而后少帝的皇后吕氏已被诸臣杀了，后少帝也步入了他的宿命，暴死宫外。对于这样的行为，汉文帝自然是保持绝对的沉默。

诸吕被诛，后少帝已死，剩下的，只有默不作声的孝惠皇后张嫣了。这位皇后本可以守节而终，安分一生。

然而想一绝后患的诸臣有人提出张嫣淫荡邪僻，将她处死；也有人认为不用给她太后之名，不如给她皇嫂的礼遇赚取人心。权衡之后，东牟侯刘兴居作主，采取折中的做法：留下张嫣的性命，把她丢进暗室里，饮食粗陋，任其自生自灭。

其实，不过是因为张嫣本身已经无任何政治号召力，也没有任何政治利用的可能性，留下她一个吕氏血统，可以给天下留下仁慈之名。

文帝即位，上任三把火，分封诸臣后，体恤张嫣其实并无罪过，张嫣的亲弟弟张偃本已被贬为庶人，看在是刘邦亲外孙的份上也封为南宫侯。不过，张嫣仍然被软禁于宫中。直到三年后刘兴居谋反失败而死，她又被挪到北宫，从重监改成了软禁。

此刻的张嫣，命运比一般的宫婢好不了多少，再加上宫中之人皆是趋炎附势之辈，故而张嫣的境况悲凉可以想见。

等到文帝十二年，汉文帝大赦天下，将惠帝妃嫔宫娥千余人全部放出宫去，不问婚嫁，却只留下张嫣一人——说来说去，都是皇后这一身份害了她。

文帝留下她，未必不是出于对她这一身份的考虑——现世安稳，百姓安居乐业，而皇嫂却流落民间，为民为妓或暴死，皆可以造成不小的舆论压力。

不过臣心非君心，文帝十四年冬匈奴攻边的时候，居然有人敢进言,说单于大举进兵为的是得到孝惠皇后,结论是这女子是个"祸国之物",得出的谬论就是"应速赐死"。文帝还不至于那般无知,故而张嫣还是辛酸地活着,忍受着各种嘲讽辱骂。

我想,张嫣听到朝廷上的那番言论估计会苦笑,是那种看破生死的笑容。记得多少年前,还是在大殿之上,朝臣上书要把成婚的鲁元公主远嫁和亲;许多年后,这种命运又差点降临到自己身上,而且,自己还背负着祸国之名。

张嫣依旧是不问世事,在冷宫里过着她安静的生活。

也许,她想过死,只是,想起来,这样的死算什么呢?殉情?与舅舅徒有夫妻之名,自然不是。殉家?诸吕不要她,诸刘也未曾想起过她。

想想,人生还真是个悲哀,连死都找不到一个理由。所以,就这样活下去吧,为了自己而活下去。

很多时候我们的人生自己无法选择。然而,繁华落尽之后,我们总该给自己一个活下去的理由——那便是为自己而活。不是按照别人铺垫好的道路,只是将余生给予在无限的时空中,去回想,去生活。

也许,安谧地一个人活下去,对她而言未必不是一件好事:她可以做自己想做的事,那么多年了,那些被抢来的孩子的母亲,是否会在夜里向自己索命?曾经疼爱自己的舅舅,是否会偶尔想起?在漫长的时间里,靠着记忆里残存的些微温暖也许可以好好活下去吧。

孝文后元年,孝惠皇后死在冷宫,年四十岁左右。《汉书》载:"春三月,孝惠皇后张氏薨。"书中故意不用"崩"而用"薨",也许只是说她已不被当做皇后,属被废之列。没有国丧,没有大祭,她的尸体被埋到了宫女们的坟间,卑小而不引人注目,亦如她迁入冷宫后的生活。

　　冷宫之中,漫漫长夜,谁见幽人独往来? 她的一生,宛如一枚静静盘旋在秋风中的落叶。

# 花开花落度流年

## ——中国版茶花女苏小小

妾乘油壁车，

郎骑青骢马，

何处结同心？

西泠松柏下。

——《小小歌》无名氏

苏小小：南齐钱塘名妓，性情豁达，才貌俱佳。

与一世家公子相恋，然而由于门第之见，最终鸳鸯相散，无疾而终。

喜乘车在西湖附近游玩，义助鲍仁进京赴考；生性耿介，却又机敏变通，不畏强权又能保全其身。十九岁时咯血而死。死前留下遗嘱："但生于西泠，死于西泠，埋骨于西泠，庶不负小小山水之癖。"后鲍仁高中，感其恩义，为其在西湖畔修建慕才亭以供后人凭吊。

她是中国文人写诗填词时最热衷的对象，对中国文学有重要影响。曹聚仁称其为茶花女式的唯美主义者，也有人将朝鲜李氏王朝的著名艺妓黄真伊与其相类比。

## 何妨吟啸且涂行

虽说是有名的短命王朝,然而永明年间的南齐,却是政局偏安,经济繁荣,"百姓无鸡鸣犬吠之警,都邑之盛,士女富逸,歌声舞节,袨服华妆,桃花绿水之间,秋月春风之下,盖以百数。"①涌现出大量诗人,诗词清丽,如谢朓、沈约等。

以这风流俊逸的年代为背景,正值钱塘江畔柳渡江春,转绿苹浪,说不出的风和日丽。

**燕引莺招柳夹途,章台直接到西湖。**

**春花秋月如相访,家住西泠妾姓苏。**

只听耳旁一女子高声而朗,声音若银铃轻响,酥人心肠。转头一望,但见一小小油壁车缓缓而过。

看那油壁车轻巧灵便,车檐铃铛作响,望那车内人儿娇美,说不出的盈盈俊秀,穿行于这如诗如画的西湖山水之间,恍如神女下凡。

这女子轻盈自得,她于山水间恣意放情,她将自己的美作为对这山水最好的点缀,在西子湖畔留下她的一抹倩影。沿路行人纷纷议论,猜不出这女子究竟是何等人物。

只听得路旁潇洒俊逸的公子们赞叹不愧是钱塘苏小小;也有

①　出自《南齐书·良政传序》。

妇女掩面而走,嫌其轻浮放荡;更有垂髫稚子挽着柳条在马车后跟风而唱。

然而这于她毫无影响,她依旧是旁若无人,一股灵性之美从镜阁溢出,为这山水增添了一抹灵性。既然年华正好,青春正佳,那么何不将这韶华尽情挥洒,放纵这美的流散?

这女子,若说她是妓,还不如说她是美的代言人。她不愿将自己的美丽束缚于高墙楼阁之中,而是让它肆意流散,"一枝红杏出墙来",掩不住的风流妩媚。

她可以说不是传统意义上的青楼女子,她只是以那琵琶巷为落脚,却心系着青山绿水。

魏晋时期的阮咸,为了心爱的婢女,可以急忙抢过客人的驴子疾驰而去,追回自己的爱情;可以放诞乖僻,死时仅以一把阮①作为陪葬。

看这苏家小小,也一样是一朵自由行走的花,端坐青山碧水之间,将青春的气息洒遍整个钱塘。

## 知君清雅仙中客

苏小小,生于南齐钱塘西泠桥畔。有说她先世曾为东晋官,从

---

① 阮,即阮咸,一种纯正的中国古老弹拨乐器。武则天在位期间,曾有人在古墓中得一铜琵琶,人们认为这正是晋朝竹林七贤之一的阮咸所作的乐器,加上阮咸本人善弹此琴,从此这种乐器就被称为"阮咸"。而"琵琶"这个名字,就让位给了一种来自西域的乐器。以人名命名一种乐器,在中国音乐史上,仅有"阮咸"一个。

姑苏流落到钱塘后靠祖产经营，成了当地较为殷实的商人，又因家中仅此一女，因而十分宠爱，唤作小小。

举凡后世传颂的才女美女自幼便是眉清目秀，聪慧过人，有着各类幼年聪慧过人的传说。苏小小自然也不例外。据说父亲吟诗诵文，她一跟就会，亲戚朋友都夸她长大后必为才女。

然而文章憎命达，红颜不得安稳，小小幼时，父亲不幸病故。家境败落，为了生计，母亲忍辱为妓。不到四年，苏小小的母亲不堪折磨，含病而去。临终时，她把小小托付给小小的乳母贾姨妈："我的心是干净的，但愿小小莫负我！"

很多年后，有一对名唤鱼幼薇的母女面临了同样的情况，然而鱼幼薇的母亲对小幼薇未多加管束，任由她在长安平康里成长，最终使女儿情路坎坷，留下一个"鱼玄机"之名让后人评说。

小小变卖家产，与贾姨妈住在松柏林中的小楼里，每日靠积蓄生活，尽情享受于山水之间。春来秋去，小小已出落得如同出水芙蓉，盈盈秋波剪，纤纤细柳身，再加上聪颖好学，因此即使是不曾从师受学，依然是知书识礼，尤精诗词，信口所吐，皆成佳句。

小小并不拘泥于诗文世界中，而是酷爱西湖山水，将自己闺阁布置得精巧细致，后世说她迎湖开一圆窗，题名"镜阁"，两旁对联写道："闭阁藏新月，开窗放野云。"

孔子说"仁者乐山，智者乐水"。小小寄情西湖山水，以山水怡情，自是养得一身豁达之心。

幽雅别致，不禁使人想起林妹妹的潇湘馆：

> 忽抬头看见前面一带粉垣，里面数楹修舍，有千百竿翠竹遮映。众人都道："好个所在！"于是大家进入，只见入门便是

曲折游廊,阶下石子漫成甬路。上面小小两三间房舍,一明两暗,里面都是合着地步打就的床几椅案。从里间房内又得一小门,出去则是后院,有大株梨花兼着芭蕉。又有两间小小退步。后院墙下忽开一隙,得泉一派,开沟仅尺许,灌入墙内,绕阶缘屋至前院,盘旋竹下而出。

连那热衷于功名利禄的贾政也不禁笑道:"这一处还罢了。若能月夜坐此窗下读书,不枉虚生一世。"

而小小之屋,临湖而建,以杨柳红桃为掩映,又辅之以接天莲叶映日荷花,青山绿水的映照,可媲美黛玉的潇湘馆。然开窗临湖,视野开阔,又足见小小的闲情雅意疏朗豁达。

忽想起《红楼梦》中说探春的闺阁布置,"那一边设着斗大的一个汝窑花囊,插着满满的一囊水晶球儿的白菊。西墙上当中挂着一大幅米襄阳《烟雨图》,左右挂着一副对联,乃是颜鲁公墨迹,其词云:烟霞闲骨格,泉石野生涯",爽朗开阔,想来小小的性情也是类似。

每日小小总在西泠桥畔散步,看这秀美的山水,小小不禁偶有诗性,题诗作画不亦乐乎。然而许是当时的西湖,尚未经人工开发,山路迂回曲折,小小便请人做了一辆小巧灵便的油壁香车。坐着这车,饱览西湖美景。

如此豪情爽朗的女子,怎能不令人倾慕?于是苏小小的名声传遍江南。无数的豪华公子、科甲乡绅慕名而来,僻静的西泠桥畔顿时热闹起来。

然而小小不过是想以诗会友,结交几个山水知己,赏风吟月,品茶联诗,却不想来访者多是些绣花枕头伪学士,自然十有八九被她奚落出门。又曾有富豪多次登门,愿以千金娶小小为侍妾,也被小小拒绝。

然而,每日里欢声笑语,觥筹交错,夜半无人之时,终究还是希望能觅得一个安稳之处。陌上花开,女人如花,有多少年华经得起挥洒? 贾姨妈劝她:"不妨寻个富贵人家,终身也有了依靠。"

小小却答:"人之相知,贵乎知心。岂在财貌? 更何况我爱的是西湖山水,假如身入金屋,岂不从此坐井观天!"

贾姨妈担心小小母亲留下的积蓄用尽,将来生计无着。小小头也不回,说:"宁以歌妓谋生,身自由,心干净,也不愿闷死在侯门内。"

事已至此,贾姨妈只好叹息道:"姑娘以青楼为净土,把人情世故倒也看得透彻!"

如此又过了几年,家攒积蓄终于用完。小小二话不说,操琴谋生,成了钱塘有名的歌妓。

### 何处结同心

暮春三月,草长莺飞。一日,苏小小乘油壁车去游春,断桥弯角处忽然迎面遇着一人骑马过来,却见那青骢马受惊,颠下一位少年。

小小自是也吃了一惊,正欲下车探视,那少年已起身施礼。小小过意不去,报以歉然一笑。

正是相逢一笑间,情根一夕种。

她是那盈盈一笑，他却情海深陷。

这少年名叫阮郁，是当朝宰相阮道之子，奉命到浙东办事，不过是顺路来游西湖。见这娇俏可人的女子，刚刚马上惊魂的阮公子一时竟看呆了。

直到小小驱车而去，阮郁才回过神来，赶紧向路人打听小小的来历住处。

有人说阮郁打听到小小出身妓家，只叹了句："可惜!"不过转念一想，既是歌妓，与她相识一番，也是人生乐事！

那么，我还真是要恨恨地说句可惜小小所托非人。不过根据后面故事的发展，阮郁此刻应该只是对小小一见钟情，还未及想到其他。他本是少年郎，她恰是美娇娘，年少轻狂，怎么会去顾及所谓的门户之对？

因此，阮郁回到住处，眼前不断浮现小小的身影，茶饭无味，辗转难眠。

窈窕淑女，君子好逑。第二天一早，阮郁便骑着青骢马，叫人挑着厚礼，径直来到西泠桥畔。

恰好贾姨妈出来，阮郁道："晚辈昨日惊了小小姑娘，容我当面谢罪。"贾姨妈见他不似一般王孙公子气盛无理，心想也是个文人雅客，便进去通报。

小小从绣帘中婷婷走出，两人都是脉脉含情。阮郁英俊潇洒，气质文雅，小小才貌绝佳，举止脱俗。

**水痕不动秋容净，花影斜垂春色拖。**

自此两人每日在断桥相会。或临湖对饮，或依韵和诗，或抚琴相和,伴着这空灵的西湖山水,所有的闲情雅致都作了最好的注脚。

青山为媒,山水作证,蓝天白云为映衬,晨间小道弥漫薄雾,傍晚霞光遍洒湖面,一个驱车前往,一个骑马相随,沿湖堤、傍山路缓缓而游,好不快活。

> 妾乘油壁车,郎骑青骢马,
>
> 何处结同心? 西泠松柏下。

至此,便由贾姨妈作主,两人定下终身。黄道吉日,张灯结彩,备筵设席,自此两人相知相守,每日学那张敞画眉,做那赌气泼茶之趣事。

然而这边是恩爱缠绵日复夜,那边京城阮道的宰相府却炸翻了天:堂堂宰相之子与一个钱塘歌妓厮混在一起,岂不被天下人耻笑!

虽说是天高山远,然而阮道身为宰相,毕竟是老谋深算,强按心中的怒火,修书一封,假借家中急事,速令阮郁回京。

这一别,便是情断恩绝。

最初的故事版本里说阮郁一别,自此杳无音信。

> 夜夜常留明月照,朝朝消受白云磨。

纵是小小思之念之,也未得一信。想来几多深情,几多恩爱,都付与了西湖山水,如花流年。

然而根据小说家们的猜测,阮郁回家后,父怒母怨,几乎就上演了一场南齐版的贾政杖责宝玉。但阮郁依然对小小痴心未改,因而被父亲关进书房,阻断了他与小小的音信。此后更是为他另择名门闺秀，替他决定锦绣前程。

另一种说法是阮道假意同意小小进门，然后用自己重病的谎话诓儿子回家，最后恩威并施，为他另择良妻，说是等到大婚之喜，功成名就，接小小进门也未尝不可。

戏文里更是唱得出奇，说什么阮道接了小小进京，准备看看这个将自己儿子迷得神魂颠倒的女子究竟是何模样。阮夫人于堂前见了小小，心生喜欢，而阮道在帘后细细观察小小，发现她品貌端庄，知书达理，有礼有节，更是爱惜不已。最后只能对儿子说，小小是个好姑娘，只可惜出身卑贱，劝儿子舍了这段姻缘。

戏文里这种说法自然是最不可靠，又不是出演青春偶像剧，王子的父母还掏腰包接灰姑娘到跟前来瞧一瞧。这不是诚心想把事情闹大，也不怕蜚短流长？

第一种说法也不太可靠，不是说没有那么专制的父亲，只是觉得阮郁对苏小小还不至于用情深到这种地步。从他后来与小小再无联络，甚至是小小死后都未曾有一丝吊唁，足见这感情之轻浅。

第二种说法想来也许更令人信服，在父亲的恩威并施下，阮郁屈服。而等到美丽的新婚妻子过门，功名利禄到手，一来愧对小小，因而断了来往；二来，许是三妻四妾，那钱塘江上的苏家小小，不过成了记忆里的一颗朱砂痣，偶尔想起，原来自己还曾有过这么一段青葱岁月。

少年的轻狂，不计后果的许诺，留下的，是爱过之后的苍白与无力。说什么"执子之手，与子偕老"，不过是一个童话。你要一场美丽的邂逅，他许你一个幻丽的童话，结果到头来，他不过是姓许，名诺轻罢了。

爱情最禁不起的是时间,最靠不住的是诺言,季布有一诺千金之说,而对于那些感情薄似烟云,短似朝露的男男女女来说,爱情又如何能价值千金?

"情多最恨花无语,愁破方知酒有权。"①爱过方知情重,历经一场穿肠痛,才能悟得世间情爱纠葛。纵使是这向来只谈风月不问情的苏小小,也难免是只能吟诗以解愁闷。

> 谁断昆山玉,
>
> 裁成织女梳。
>
> 牵牛别离后,
>
> 愁掷碧空虚。②

饮一阵酒,抚一阵琴,也是会流下几滴相思泪。更何况是这多情的苏小小?

然而,开窗面对着潋滟西湖光景,看那漫天的荷花,小小的心情却也慢慢平复起来。

## 云卷云舒且义行

你不是梁山伯,我也不是祝英台,你未许我沧海桑田之诺,我也不必还你前世今生之情。

感情的事,爱过便是过,只是人生的一个成长经历而已,犯不

---

① "情多最恨花无语,愁破方知酒有权。"出自郑谷《中年》。
② 选自朝鲜艺妓黄真伊诗句。

上用生命去苦苦相殉。入了情关,看破情关,剩下的,不过是随意自然,云卷云舒。

"竹杖芒鞋轻胜马,一蓑烟雨任平生。"①对于苏小小,爱便是爱了,纵使是那曾经沧海的阮郁一去不复返,也不必死缠烂打,不想做秦香莲,也不愿成杜十娘,彼此云淡风轻,继续前行罢了。

此番豁达之情,有几多人能为之?

有人说苏小小深爱阮郁,两人分别之后,小小郁郁而不能自得,最终含恨而逝。我想,这样的人未免也太不了解苏小小了。

十九岁咯血而死的小小,真正爱的,恐怕只有那浓妆淡抹总相宜的西湖山水。那是她所有灵性的来源,也是她最后的依恋。感情之于小小,不过是生命中一个体验过程罢了。

她选择的是男女之情中的那份感觉,倘若没有这层感觉,那么两个人还是分开来得好。

既然当初小小选择乘油壁车畅游西湖山水,那么她所追寻的便应该是这山水美景。而真挚永恒的感情,不过是对这山水的点缀而已。她要的是在这诗画山水间疾驰激荡的爱情,她爱过他,他曾爱过她,便已足够。

不难想象,如若当初阮郁提议娶小小会是怎样一个情景。小小如此热爱山水,更多的是对自由的崇尚,如若嫁给阮郁,也许诚如小小当初所说,一入相府深似海,郁郁而终。

不过从此以后,小小性情变得更为冷峻孤傲,待人接客,言语间更多的是看破世情后的调侃和沧冷。然而这份品格,倒使得苏

---

① 出自苏轼《定风波》。

小小之名传得更响。

生生世世爱着西湖山水，小小依然是痴心未改。只是不再像当初那般乘着油壁车呼啸而过。此时的小小，从当初的人烟喧哗之处转而喜游人迹稀少之地，想必更多的是散心遣怀。

这日，正是秋高气爽，红叶漫山，小小乘着油壁车饶有兴味地看这满山红叶似彩霞，忽在湖滨见到一位书生模样的人，眉清目秀，气宇不凡，却衣着寒酸，神情沮丧。

小小不禁动了怜悯之心，便停车探问。

书生见小小神情关切，也不避讳，只是有些拘谨地直言相告："小生姓鲍名仁，家境贫寒，读书荒山古寺之中，准备入京应试，怎奈盘缠短缺，无法成行。今考期临近，我只能望湖兴叹！"

苏小小听闻此言，见这书生文质彬彬，觉得应是大有前途之辈，当下决心资助他。于是小小毫不迟疑地对鲍仁说："妾见相公丰仪，必非久居人下之人，愿倾囊相助，也能验证一下妾的眼光。"

鲍仁自然是感动不已，对小小是再三表示感谢。于是小小变卖了一些贵重首饰，帮鲍仁打点好行装，送他上路。

鲍仁自然是频频叩谢，万分感激："千秋高义，反在闺帏，芳卿之情，铭记在心！待我有成之日，必来叩谢恩人。"

燕赵悲歌慷慨士，像小小这样慷慨解囊的女子更是少之又少。

歌妓捐助他人的事例虽多，但恐怕多怀私心。而比之于小小，义助鲍仁，只是一次行善之举，并未做什么他朝功名富贵之后的报答之想，这才是最让人佩服的。

很多故事中都说小小因为鲍仁相貌酷似阮郁，因而动了助他之心，鲍仁也因小小的多情与侠义，有了功成名就之后迎娶之意。

其实，小小帮助鲍仁，不过是凭的一颗侠义之心，而后鲍仁为小小修慕才亭也仅仅是回报小小这番知己之情。

小小最初之举，并不是出于什么男女情爱，更不指望什么施恩图报。她不是杜十娘，将一腔热情都寄托在李甲身上，指望他跳出火坑；也不是李娃，出于愧疚之心帮助荥阳公子回归富贵生活①。

她只是苏小小，钱塘江上住着的苏家小小。借着这风景如画的山水，养着一身灵气，为失意之人排忧解难，为青山绿水吟诗作赋，为钱塘江留下一个美丽的传说。

## 寒梅青眼看风骨

人人都道江南好，这年雪花纷飞时，上江观察使孟浪也途经钱塘。

只因小小芳名远播，孟浪便叫了一只船，派人去唤小小前来陪酒助兴。不一会儿，差人回来禀报，说小小被人请去西溪赏梅了。孟浪自然觉得十分扫兴。次日，差人早早在苏家等着，然而等到深夜，才见小小喝得大醉由侍女扶着进来。差人没法，只能这般回去回复。

又不是刘玄德三顾茅庐，礼请诸葛亮，孟浪少年得志，本不把

---

① 出自唐传奇《李娃传》，李娃以美色和真情骗得荥阳公子钱财，导致对方被逐出门，流落街头，父子决裂。李娃出于愧疚，帮助公子刻苦读书，最终金榜题名，而荥阳公子最终也娶李娃为妻，荥阳公子父亲感激李娃的付出，也大方接受了这一儿媳。

这女子放在眼里，让她前来陪酒，不过是听说她的大名，唤她来增加宴席间的颜面罢了。如今却在此地遭这小女子三番四次的推阻，今后这官威还如何树立？

勃然大怒之下，孟浪传唤小小，令她速到孟观察使船上赔罪，而且必须是青衣蓬首，不准梳妆打扮。

贾姨妈觉得官老爷得罪不起，更何况是这走马灯的观察使，甭说什么穿小鞋，随便一个小借口，就能整得你生不如死，还不比碾死一只蚂蚁容易？因而劝小小屈就着应付一下，蓬头垢面，低头认个错服个软，今后好过日子。

小小柳眉一挑，冷口道："这班狗官老爷，我与他们毫不相干，有什么罪可赔！"眼瞧着差人一个个黑着脸出现在门口，贾姨妈和侍女们纷纷吓得不敢出头，小小拢了拢额前的发梢，坦然道："也罢，我去走一趟，省得家中不安宁。他要我蓬头垢面前去，我偏要梳洗打扮，容光焕发而去。"

孟浪邀了府县宾客在船上饮酒赏梅，忽听小小来了，便停下杯箸，准备给小小一个下马威。

环佩叮当，华服袭地，衬得花容月貌越发动人。看这女子，连着身后的山水，仿佛是刚从画卷中走出。面庞明媚，宛若天上明月所化；娥眉淡扫，恰如青山为黛；剪水秋瞳，好似西湖盈盈之水。不是绝色，但胜在娇小之躯中自有一股风情，自然而不矫饰，令人有不能不多加注目之心。

孟浪板着脸，干咳一声道："苏小小，我令你蓬头垢面前来，你却盛装而出，公然违抗我的命令，你可知罪？"

小小敛了敛衣袖，不慌不忙答道："常言说，女为知己者容，小小若是真的蓬头垢面而来,岂非是对大人最大的不敬?"

小小这般伶牙俐齿,倒是为后世有着鹦鹉舌之称的薛涛做了个好榜样。

据说高骈任成都节度使时,曾设宴。席间行酒令,要求是想得"一字象形,又须逐韵"。高骈起令道:"口,有似没梁斗。"机敏的薛涛答:"川,有似三条椽。"高骈挑剔说:"你那个三条椽中怎么有一条是弯的啊(指川字第一笔是撇)?"薛涛不紧不慢地答:"阁下是堂堂节度使却用'没梁斗',我一个小女子,用个弯了一条的椽有什么不可?"高骈等众人大笑之余,不得不赞叹薛涛的冰雪聪明。

遭小小这番抢白,孟浪倒是无言以对。他端起酒杯,眼角化为一线,威严自显。孟浪望着小小道:"利嘴巧舌,并非实学,我倒要看看你的真才如何。"说罢便要小小以梅为题赋诗。

小小侧身对着纷纷白雪,信口吟道:"梅花虽傲骨,怎敢敌春寒? 若要分红白,还须青眼看。"

诗意中隐含了眼前之事,且又不卑不亢,孟浪不由暗暗折服小小的才智,起了惜才之心。又见小小楚楚动人,不由得平息了怒气,邀小小入席。

这故事听起来倒是绘声绘色,将小小的一腔风骨挥洒得淋漓尽致,令后世无数文人大呼痛快。当强权逼迫时,有几人做得了方孝孺? 小小此番硬朗耿介,更是令人不能不诚服。然而这段轶事的真实性却值得推敲。

且不说先前的推辞,单单是三次邀请都不去,甚至是以宿醉未醒为由加以拒绝,这说的不是苏小小了,应当是阮步兵吧。

小小以一介歌伎之身,恐怕还不至于狂放到这种地步。想那后世的李太白，也仅仅是做到让贵妃研墨，高力士脱靴的地步，还不敢在玄宗面前彻底罢工。

正如"三言二拍"中为了突出关盼盼爱情的伟大，不惜编出白乐天写诗逼死关盼盼的桥段；为了突出王安石变法不得人心，编出拗相公三受气的故事。为了突出小小的风骨，因而强加如此一段。

### 苏家小小性豁达

冬去春来，小小又病倒了。此时的小小再无力乘车游湖，只能靠在床上，眺望窗外景色。

然而病情日趋严重，最终药石无灵，小小咯血而亡。

贾姨妈见小小病情垂危，问她："你交广甚多，不知可有什么未了的事？就是后事，从丰从俭，亦望示知。"

小小感慨道："交，乃浮云也；情，犹流水也，随有随无，忽生忽灭，有何不了？至于盖棺以后，物化形消，于丰俭何有？悉听人情可也。但生于西泠，死于西泠，埋骨于西泠，庶不负小小山水之癖。"

十九岁的年华，正是如花似玉的年纪，小小却早早离去。

后世对小小的故事多加传颂，恐怕也是因为小小正当芳龄而逝。美人迟暮，红颜白发，最不忍见便是如此。寇白门离恨，卞玉京归隐，恰如斯。

而苏小小，死神在她最灿烂最美丽的时候造访，都说人生如梦，然而小小还在梦中便安然而逝，也许是神明对她最大的眷顾。

远离了白发鹤颜的悲剧，也远离了战乱的离殇，仅仅留下这如诗如画的一幅山水，为她做最美的坟茔。

因而，这样的小小是美丽的，她活得最为洒脱自得，也可以说她是为自己而活。其他名妓，从怒沉百宝箱的杜十娘，到自沉莲花池的陈圆圆，在她们身上，太爱暂时的自由或自由不得，仿佛看不见自在洒脱的光芒。

然而苏小小，一生都未脱离她的初衷，伴着这西冷山水，阅尽湖光山色。她的美学意识，永远停留在如此哲理化的阶段，对历代追求出世与入世的文人而言，无疑是一个不可避免的生命符号。

后世大文豪苏轼，曾被多次贬谪，于困境中常读陶渊明的诗作、庄周的散文以培养洒脱之情怀，在艰难困苦中还能写出"日啖荔枝三百颗，不辞长作岭南人"之句，故而为中国文人所钦佩。而苏小小乘油壁车，饱览西湖山水，将自己的美丽为山水做点缀之举，也莫不相似。

转眼已是小小安葬之日。却见几个差人飞马来到小小家，询问小小的近况，原来是新任刺史来访。

含泪如贾姨妈，只能答说小小尚在棺木之中。

差人自是大惊失色，飞马而去。不多时，只见一人穿白衣，狂奔至西泠桥边小小家门前，于灵堂前抚棺痛哭。原来是不多时前上京赶考的书生鲍仁。

鲍仁道："人之相知，贵乎知心，知我心者，唯有小小。"人总是这么奇怪，有的时候会因为一面之缘而对对方掏心挖肺；也仅仅是凭借一席话语，而成为莫逆之交。苏小小与鲍仁，便是如此吧。她于他最落魄潦倒之际，扶手相助；他在她芳魂远逝之时，抚棺痛哭。

为了完成小小的遗愿，鲍仁便请人在西泠桥侧选地筑墓修亭。

出殡下葬之日，依然是旁观者无数。可这些与小小和鲍仁又有何关系？既是知己之交，想来鲍仁也是同小小一样不拘于俗。只见鲍仁一身丧服，亲送小小灵枢，葬于西泠桥畔。

杭州西湖西泠桥畔，慕才亭小小墓遗址

鲍仁亲撰碑文，写出苏小小一生为人，以表明她的高洁人格，更是在为小小修建的慕才亭前提笔写下：

湖山此地曾埋玉，

花月其人可铸金。

## 若解多情寻小小

有传说讲小小死后，芳魂不散，常常出没于花丛林间。风雨之夕,常有人听见小小墓前有丝竹管弦歌咏之音。

又有笔记小说记载,说宋朝有个叫司马槱的书生,在洛下梦见一美人搴帷而歌,问其名,答曰:"西陵苏小小也。"问歌何曲?曰:"《黄金缕》。"此后五年,受东坡推荐,在秦观幕下为官,两人拉家常时无意提及此事。秦少游感到特别奇怪,也不愧对他"山抹微云居士"的多情之名,便对司马生说:"苏小小之墓今在西冷之畔,你何不去凭吊一番。"司马槱便赶去拜见。当天夜里,便梦见小小前来致谢。此后欢好三年,司马槱也死于杭州,葬于小小墓侧。

不管时间过去多少年,小小依然是中国文人心中一个不可磨灭的梦。属于她的故事她的传奇在她逝去几百年后依然是生生不息。她的美好,她的才情,依旧为人所称颂。

也许在文人心中,她恰如西方文学殿堂中的缪斯女神,将灵感才华如同当初义助鲍仁一样慷慨付与。因而历代吟咏和凭吊小小的文人有如过江之鲫。白居易诗歌里唱"若解多情寻小小",袁枚携印章刻上"钱塘苏小是乡亲",元遗山说"只除苏小不风流"。

然而这些于小小有何干系,她不过依旧是"妾本钱塘江上住,花落花开,不管流年度"。因此,民国著名学者曹聚仁将她比作是茶花女式的唯美主义者,而余秋雨更说她比茶花女活得更为潇洒。

也有人认为苏小小根本就是后世文人雅客杜撰而出的人物。

妾本钱塘江上住,花落花开,不管流年度。燕子衔将春色去,纱窗几阵黄梅雨。斜插玉梳云半吐,檀板轻敲,唱彻《黄金缕》。梦断彩云无觅处,夜凉明月生南浦。

这便是苏小小故事的来源。据说是某位诗人夜宿西湖,梦见一位女子自称苏小小并吟了前半首词。该诗人醒来有所感,将前半首录下来,并自己续上了后半首描写梦中的苏小小,题于西湖湖畔。

而那首著名的《苏小小歌》:"妾乘油壁车,郎跨青骢马。何处结同心,西陵松柏下。"据考证也非苏小小所作,而是一首南朝民歌,始载于《玉台新咏》,作者为无名氏。

然而根据历代笔记小说,苏小小的生平还是可考的:南齐名妓苏小小,喜西湖山水,曾与一世家公子交往,十九岁时咯血而死。

历史上的苏小小,其实有两位,一位是这位甚喜山光水色的女子;一位是宋代的钱塘名妓,曾陷入潜县的这场绢事官司。

西湖充满了各种各样真真假假的传说和故事。而因小小而闻名的西冷桥,也和许仙白娘子的断桥、梁山伯与祝英台的长桥,并称为西湖的三大爱情桥。

对于小小,后世虽吟诵她的诗句甚多,然而多半都是从命薄桃花、佳人难得的角度出发,满是对美色的欣赏。备受世人推崇的是李贺的《苏小小墓》:

> 幽兰露,如啼眼。无物结同心,烟花不堪剪。
>
> 草如茵,松如盖。风为裳,水为佩。
>
> 油壁车,久相待。冷翠烛,劳光彩。
>
> 西陵下,风吹雨。

李贺被誉为"鬼才",在他的笔下,小小如此落寞多情。烟花不堪剪,个中酸楚,谁人可知。

我却不是很喜欢这首哀小小之诗,相反,我最喜欢的是徐渭题小小诗歌中的一句:"恨不癫狂如大阮,欠将一曲恸兵闺"。

当初兵家女孩儿未及出嫁，匆匆而亡，阮籍听说后，虽不识女孩父兄，仍赶赴灵堂哀恸嚎哭。他所怜惜的，是这贵重的生命。

而看那幽静娴美的西湖，少了当初那个乘着油壁车，朗声吟诗的女子，如何不是落寞的呢？

# 溢笑恍作半面妆

## ——给帝王甩脸色的妃子徐昭佩

地险悠悠天险长，金陵王气应瑶光。

休夸此地分天下，只得徐妃半面妆。

——《南朝》李商隐

徐昭佩(南朝)：南朝梁元帝萧绎妃。为引起萧绎注意，故意只化半面妆，以此讽刺其独眼龙这一生理缺陷。萧绎大怒，然而却未曾将其废弃。

随后不甘寂寞勾搭智通上人、暨季江等，成为当时有名的荡妇。最终被萧绎以其害死宠妃王氏为由令其投井自尽，死后捞出其尸体发送其娘家，称之为出妻，并作《金楼子》以讽刺其淫乱之举。

然而萧绎登基称帝后却终身未曾立后，后人纷纷猜测是和徐妃有关。

留下"徐娘半老"这一成语，敢于给君王脸色看，是历史上有名的荡妇。

## 盛装自投始为终

小轩窗,梳妆台,残阳的余晖从门外照进来,懒懒地打到镜台上,有着几许诡异的气息。

不知该化上什么样的妆容,是如当初那精致的半面妆,还是干脆就妆容不整。唇角抿上酒杯,眼角的笑容有些凄艳,那些对于现在还有什么关系呢?难道他还会来看自己一眼?

明明早就知道会有这一天的到来,只是没想到等了这么久,而到了这一刻,才仿佛真正有了解脱的感觉。

王氏受宠,然而没多久便死了。纵使自己已是个失宠的妃子,然而湘东王府上那么多的女子,怎么就偏偏认定是她下的毒手,又怎么能一口咬定王氏便就是被谋害的?

其实他和自己都知道吧,这桩事情跟自己没有关系。可是谁关心呢,满天下的人都知道徐妃是个妒妇,是个淫妇,王氏之事,不过是一个借口罢了。

曾几何时,在他面前那般毫无顾忌地哭过,闹过,只盼他能有一个回眸,一声言语。

然而,他的反应是那么平淡,仿佛就当没有自己这个人的存在。

他对于自己,仿佛没有爱,也没有恨,一切的感情,都不存在。好像是两个陌生人,又不仅仅是陌生人,彼此在漫长的岁月里互相精神折磨。

罢了,这样的结局对于两个人,都是一种解脱吧。

何必等到他赐来三尺白绫、一杯鸩酒、一把匕首呢?既然是死,还不如让自己死得干净一点。

只是到了现在,他连一面都不肯见自己,对于过往的美好、仇恨,怕都已经忘记了吧。

坐在梳妆台前,梳上一个流行的坠马髻,插上金步摇,对着半边脸颊,点上腮红,细细描眉,吻上朱砂,盖去刚才的一抹泪痕,贴上花钿,一个美丽而诡异的半面妆便化好了。

心中不是没有过恨,直到自己临死之时,原来他对自己的感情都是那样可有可无,那么暂且还是用这半面妆来刺激他吧。让他至少还能记起自己,哪怕是带着恨意和恼怒。

妆容毕,揽华裙,带着对他的怨,纵身跃入院中的井里。

《梁书·列传第一》中记载,太清三年五月,徐妃被谴死,葬江陵瓦官寺。寥寥数语,便概括了她的一生。

而《南史》中的记载则更为详细:

> 既而贞惠世子方诸母王氏宠爱,未几而终,元帝归咎于妃;及方等死,愈见疾。太清三年,遂逼令自杀。妃知不免,乃投井死。帝以尸还徐氏,谓之出妻。葬江陵瓦官寺。帝制金楼子述其淫行。

《南史》诸多地方野史痕迹太过浓厚,事实上,从萧绎的文人身份出发,推测其作诗来讽刺妻子的不忠,这一猜测实在不够严谨。

首先,从萧绎的性格来看,他还不至于无聊到这样的地步。更何况,作这么一首诗来讽刺自己的妻子出轨,不是存心想让全天下的人知道自己被人戴绿帽子吗?

## 门当户对结姻亲

　　赐死的女人名为徐昭佩,这个名字听起来仿佛明月昭昭,环佩叮当,宛如美人在前,然而大多数人却不知她是谁。可是一提到徐娘半老,恐怕就无人不知了。

　　历史是一幕最荒诞的戏剧,曾经那么心高气傲,执著于情感的女人,在历史上留下的名声却是淫妇一名。而她的丈夫梁元帝萧绎在我们的记忆中却是靠着徐妃出了名,这位倒霉的皇帝心中不知作何感想。

　　萧绎是梁武帝萧衍的第七个儿子,小名唤作七符。相传当初他父亲萧衍曾梦见一独眼僧手执香炉,对他说要托生在王宫。这就好比蒲松龄在《聊斋志异》自序里面说的他爹在他出生之前梦见一个胸前有块墨迹的苦行僧,后来他果真是一生如人世修行般受苦。

　　对照梁元帝后来的作为,这独眼僧人恐怕是有两层隐喻:一者暗示和其生理缺陷相吻合,符合其出生的神秘;二者,暗示他后来的专注于一点,如得道僧人虔诚。

　　萧绎爹娘的邂逅倒是刻画得浪漫唯美,《南史·梁本纪下》中记载:"既而帝母在采女次侍,始褰户幔,随有风回裾,武帝意感幸之。"萧绎的母亲低微,还在采女宿处做事,估计比《源氏物语》中源氏公子的母亲桐壶更衣还不如。早上伺候皇帝,拉开床上的帷幔,忽然吹来一阵风,只见她裙裾飘飘,宛若仙子,甚是动人,萧衍一个动心,便临幸了这名女子。

后来更不得了,这名侍女梦到月亮落到自己怀中,于是便怀孕生下了萧绎。萧绎出生之时整个屋子香气弥漫,连胎衣都是紫色的。

梁武帝大为惊奇,即刻进封萧绎的母亲为采女,并赐姓阮。

只可惜千好万好,偏偏萧绎出生后便患了眼疾,《南史》的记载颇为好笑,说是越治疗病情越严重,然而萧衍疼爱这个儿子,下决心要给他医治,结果最终导致萧绎的一只眼瞎了,不过正因如此,倒是和萧衍的梦境符合,故而萧绎更为疼爱这个儿子。

举凡青史留名之人,其童年往往是与众不同的。比如刘邦出生前其父见有龙附于其母身上,故而诞下天子;到明太祖朱元璋出生之际,则是满室红光,等等,不一而足。

萧绎摆明了是残疾,偏偏皇家尊严作祟,一定要说是独眼僧人托生,神乎其神,更何况他那老爹是个虔诚的佛教徒,三次要舍身在寺庙出家。他母亲更是了不得,梦月亮,汉文帝他娘只敢撒谎说是有龙入梦,但是谁都知道是假的。这个梦月亮的说法居然还堂而皇之地记载于史书上,还加上了什么满室皆香,紫色胎衣。谁知道那阮才女是不是怀孕期间养胎太好,熏香闻多了,孩子香气中毒。

虽说是独眼,然而皇帝的宠爱却未曾断绝,更何况这毕竟是皇室血脉。信武将军徐琨也看中了这一潜力股,和萧衍一拍即合,将女儿徐昭佩嫁给了萧绎。

## 两相生怨情转淡

这徐昭佩的祖父徐孝嗣任齐国太尉、枝江文忠公,娶的是宋武帝刘裕的女儿。而她父亲,徐琨则任侍中、信武将军。可谓一家声势显赫。

关于这桩婚姻如何会造就了一对怨偶,有两种说法。

一是徐昭佩作为将军之女,心高气傲,最开始是看不上萧绎这个独眼龙的,婚后一直给萧绎摆脸色看,故而夫妻不睦。而等到萧绎登基,徐昭佩才开始后悔,费劲心思想抓住君王的心。

另一种说法是来自八卦杂志《南史·列传第一》,"无容质,不见礼,帝三二年一入房"。这俩人,一个独眼,一个貌丑,彼此看不顺眼,偏偏还要凑成一对,无怪乎相对成怨偶。

这两种说法都不靠谱。第一,徐昭佩死时萧绎尚未登基,哪有可能做出什么前倨后恭的事情来? 说她看不上萧绎独眼,那么总比西晋惠贾皇后贾南风嫁了个白痴好吧,更何况萧绎是有内才之人。不是人人都是谢道韫,对着自家丈夫比长比短。

第二,如若徐昭佩貌丑,萧绎三两年才临幸一次,那么这怀孕几率是不是太高了? 他们育有一对儿女王子萧方等和女儿益昌公主萧含贞,临幸一次生一个? 那徐妃还不如改行卖彩票得了。

更何况她后来的情人对她的评价"风韵犹存",本来就是轻蔑的话,想来不会有失公正。既然年轻之时就貌丑,那么这老来何来风韵? 难不成是逆生长? 很明显是史官根据徐昭佩后来的品行刻意丑化她。

徐昭佩和萧绎成婚没多久，便接连生下王子萧方等和女儿益昌公主萧含贞，可见这对夫妻还是有过一段恩爱甜蜜期的。

萧绎的"山似莲花艳，流如明月光"①，怕就是用来形容徐昭佩的。

只是，蜜月期恩爱甜蜜，之后便是夫妻本来面目暴露的开始。爱情费洛蒙的燃烧时间只有三个月，夫妻长相厮守需要彼此的磨合，如何将曾经你侬我侬的爱情转变成相依相守的感情，是每一对夫妻所必须经受的考验。

只可惜，萧绎和徐昭佩在这一点上失败了。

徐妃后来失宠，史书上说她极为妒忌。女人，只有在对一个男人有着浓烈的爱意之时才会对其他女人心怀妒忌之心。

也许，最开始嫁入湘东王府，想的是"愿得一心人，白首不相离"。然而，新婚没多久，萧绎便是左右相拥，徐妃自然是十分憋屈。

想来还真是叫人好笑，古代的七出之条把妒忌也算了进去，一定要眼巴巴地看着自己的丈夫坐享齐人之福才叫贤良淑德。连妒忌都没有了，也就是说对那个人男人的感情也淡泊了，任他如何，终究都是与自己无关了。胡兰成在《今生今世》里回忆说，张爱玲和他在一起的时候，倒是不嫉妒，看他携女而游，倒是十分欢喜，希望全天下的女子都喜欢他。

真真叫人看了笑话，她自然是巴不得全天下的女子都来喜欢

① 出自萧绎《折杨柳》："巫山巫峡长，垂柳复垂杨。同心且同折，故人怀故乡。山似莲花艳，流如明月光。寒夜猿声彻，游子泪沾裳。"

你,可是她心底里的笃定是你只喜欢她,懂她。

想想逃难之时,在小周护士之间的徘徊,分别后她一个人在江边临水照花,泪如雨下,因为这个时候,她知道,在这个男人心底她已不再是唯一了。只要有爱,怎可能没有妒忌? 妄自自诩为知情识趣之人,连这点道理都不曾明白,真真是愚蠢到家。

感情的事,向来都只是自私的。爱情的道路上,狭路相逢勇者胜,怎么可能做到爱你的人,爱你也爱的人?

我们总是太过笃信,认为只要是自己觉得对的,那么自己所爱的那个人便会坚定地支持自己。只要是自己爱上的,那么曾经的那个心上人也会坚定地鼓励自己往情路上前进。

太过自信,感情上最常见的悲哀便是用一段爱情去赌另一段感情,结果到头来是输得一塌糊涂。

## 从今只作半面妆

如此一来,他和她终究是生分了。

再看她,不再是新婚燕尔之时那个娇俏可人的徐妃。

再看他,也不再是新婚之时对她软语温存的湘东王。

如此一来,才是书上略略夸大了的"三二年一入房",如果彼此相见生厌,那还不如不见怀念来得好。

而那两个见证了他们相爱过的孩子,在历史的记载中没有任何痕迹。她做的任何事情,仿佛都只是在唤起他的注意;但他所做的任何事情,都是在证明他们之间,除了婚姻,没有任何关系。

只是，真的可以做到那么绝情吗？

好，既然你不愿见我，看到我生厌，那么我也不需要低头向你屈服。都说女为悦己者容，可是你的心已经有一半看不见我了，那么纵使我化的妆容再精致你又怎会留意？还不如索性化个半面妆，彼此彻底厌倦，再不相见。

于是等到萧绎来时，只化上半面妆，还故意含笑道："王爷您不是只有一只眼睛吗？那么我就化个半面妆给您这一只眼睛看好了。"

何曾受过这等侮辱，萧绎自然是大怒而出，然而，对于徐妃，他却又未曾多加降罪。

这样刺激他，他却没有任何过激反应，哪怕是责罚她也是好的。这种冷暴力更让人压抑得说不出话来。

徐妃嗜酒，而且常常大醉，想来这也是失宠的一个原因。谁家丈夫见到自家女人成天喝个酩酊大醉心情愉快的？又不是孙二娘配了张青。

更要命的是，徐妃喝醉了就直接吐在萧绎身上。"帝还房，必吐衣中。"什么叫"必吐"？难道她是算好了故意的？得，感情是直接穿越到了"三言二拍"去演《卖油郎独占花魁》①了。而且萧绎的行为更奇怪，明明知道她会吐在自己身上，为何还要回房？

---

① 《卖油郎独占花魁》中，卖油郎秦重喜欢上花魁娘子薛瑶琴，省下一年的油钱为见其一面，然而正巧逢上花魁酒醉归来，半夜呕吐，"秦重慌忙也坐起来。知他要吐，放下茶壶，用手抚摩其背。良久，美娘喉间忍不住了，说时迟，那时快，美娘放开喉咙便吐。秦重怕污了被窝，把自己道袍的袖子张开，罩在他嘴上。美娘不知所以，尽情一呕，呕毕，还闭着眼，讨茶漱口。秦重下床，将道袍轻轻脱下，放在地平之上，摸茶壶还是暖的。斟上一瓯香喷喷的浓茶，递与美娘"。中途历经波折，两人最终得成眷属。

他究竟是有多豁达，或者说他究竟对她还有怎样的感情，在这样的折磨下双方都不肯低头？

他对她，依旧只是冷暴力，不责罚她，也不宠爱她，更不休弃她，双方就这样僵持，日复一日。

这样的生活她经受不起，仿佛是蛛网中的欲打破平静的小蛾子，苦苦挣扎，既然没有了他的爱，那么有他的恨也不错，至少，这样在他的心中，还是有自己的一席之地的。

只是，半面妆、嗜酒、污衣袍，他连一点点反应都没有，往昔的半点情意都没有了吗？

那么，是不是要再决绝一点，再癫狂一点，才能让他重新注意到自己？如果这样要万劫不复，跌入阿鼻地狱，那么就这样吧。

曾经以为萧绎一直容忍徐妃这样的行为，一半是因为政治因素，另一半是因为曾经彼此的情意。可惜查阅萧绎的传记，才发现好像某些地方我理解错了。

萧绎之所以忍受徐妃的所作所为，不过是因为他的惯性使然，他仿佛是一个不折不扣的"做男"。

书上说他"性好矫饰，多猜疑"，史书都直接点名他喜好做作了，可见其本人是个什么情况。

他父亲萧衍死后一年，秘密发丧超过一年才公布死讯，用檀木刻像，供奉起来。又仿佛是很有孝心的样子，从早到晚只吃蔬菜，宫中大小事务一静一动都要陈述，真真是浮夸做作之色足了。

他不休弃徐昭佩，也许也是这种心性作祟呢。不离也不弃，原来可以用这样的方式来诠释。只是彼此互相看不顺眼而已，只剩下怨憎，如此纠缠不清，看谁先放弃这场游戏。

　　另一种可能性便是，萧绎一直信奉老庄之学，讲求无为而治，恐怕他对徐妃的所作所为，只能用庄子的鼓盆而歌来解释了。

## 徐妃半老却为情

　　此时的徐昭佩身上绽放着一抹妖异的美丽，如同末日狂欢一样，她做着一件又一件令世人震惊的事。

　　从与瑶光寺的智通道人私通开始，徐妃就把自己一步步逼向绝路。

　　而这时候《南史》却很突兀地插叙一笔：说她性格善妒忌，经常和其他不受宠的妃子侍妾坐在一起借酒浇愁，然而一旦发现有怀孕的，便手刃相向。

　　由此不难明白萧绎在他心中的重量。不希望别的女子夺取宠爱，更不愿别的女子母凭子贵而得宠。

　　那么为何萧绎对于徐昭佩这样的举动没有任何反应？她要谋杀的是他尚未出生的孩子，然而他明明都知晓，却对她的举动不闻不问，仿佛她做的任何事情在他眼中，都只是一场笑话而已。又或者说，其实这些女人中，他爱过的，可能徐昭佩较多，否则为何她被赐死之后，没有听说他有特别宠爱的妃子，直到城破他也未曾立后。

　　抑或他一生中的激情，早已在这互相的怨憎中被消磨殆尽，他不想，也不能再去把曾经的那种美好情感给予其他人。

这段突兀的插叙也许隐藏了某些线索,比如萧绎对智通道人的反应。很明显,这智通道人应该是被萧绎处死了的,不然为何突然会插入这样一段徐妃一脸落寞地和其他妃子喝酒的场面?

徐昭佩一直在寻求一个解脱,然而萧绎却从不给她,只是一味将她圈禁在宫内。

故而,从智通道人之后,徐妃又勾搭上了萧绎的下属暨季江。只可惜这次所托非人,暨季江倒是个美貌男子,然而有人问起他对徐妃的感觉如何,他竟毫不遮掩,回答:"柏直狗虽老犹能猎,萧溧阳马虽老犹骏,徐娘虽老,犹尚多情。"

这男人的嘴脸真是叫人恶心,上司的妻子也敢要,居然还敢四处张扬。徐昭佩这次的报复真真是不值。就好比是那戴安娜王妃,等到她车祸一死,她的情人即刻把她的情书四处张扬,以求得享后半辈子的富贵。

此后,当时有一美男子名贺徽,徐妃与他在普贤尼寺幽会,居然还把情诗写在洁白的枕巾角上,赠予他。

也许,最开始只是想引起他的主意,只是想报复,可是戏演得久了,也就慢慢当了真。

一个人的滋味太孤单,她一次次勾搭萧绎之外的男人,只是想谋求温暖而已。

只是这些男人,也如同萧绎一样,只是让她徒增伤感。

肉体的相互慰藉,或许在体温上可以给冰冷的心带来一时间错觉的温暖。只是枕边相拥而卧之人是否真的是自己心心念念的那个良人? 会不会在甜梦醒来之际感到周遭一切的陌生,那床边的男子只不过和自己一样是这浩淼宇宙间无依无靠的一具躯壳而已。

伴着相爱的人而眠,肉体的欢愉和灵魂的契合,醒来时将是和入眠时一样的蜜意,那种在茫茫天穹间终于找到了相守相伴的另一个人,那么这份曾经的孤岛心境将不复存在。

终于以王氏之死为爆发点,萧绎宣布了这场对峙的终结。

可惜修史之人太过秉持儒家观点,为徐妃的红杏出墙找着借口:说什么她出嫁那天,车驾行至西州,疾风大起,摧屋折树。不久,雪霰纷纷,帷幔簾子都白了。等她回娘家的时候,又是雷霆阵阵,把西州厅堂的两根柱子都打碎了。萧绎当时认为不吉利,没想到后来徐妃果然不守妇道。

由此也可以看出,徐昭佩在官修史书上是多么不受欢迎的一个人,其实说到底,她不过是个追求爱怜的一般女子罢了。

爱而不得,如飞蛾扑火般从容而死。


### 不到黄泉不相见

徐妃死后不久,萧绎因侯景作乱,趁乱做了梁朝的皇帝,即梁元帝。而在做了皇帝后,兵戈释兵权,杀了不少对他的皇位有威胁的萧氏兄弟子侄,又派大将王僧辩、陈霸先收复建康,攻灭侯景。

偏安一隅,萧绎久滞江陵却不还旌建康,使得与梁国接壤的西魏颇感恐慌。

当时西魏的兵将分析萧绎的可能性措施:萧绎跃军沔南,还旌建康,乃是上策;退保子城,峻其陴谍,以待援军,乃是中策;若难以移动,据守江陵,乃是下策。

因此,经过一番周密部署,最终决定由西魏大将于瑾领军五万直追江陵。

可是吧,萧绎仿佛就是个读书读傻了的人,一味沉浸在他的老庄哲学中,还想着我之为梁元帝,抑或蝴蝶之为梁元帝?

直到西魏大军围困江陵,萧绎还召集大家继续讲《老子》。敌兵攻城甚急,他登城视察敌情,还口占一诗,以为自己是诸葛亮再世,然而群臣中竟然还有唱和的人,真是叫人摇头叹息。

不多时,南城失陷,火光冲天之中,自知走投无路的萧绎愤恨不已地来到东阁竹殿,命左右尽烧古今图书十四万多卷,又用宝剑狂砍竹柱,仰天长叹:"文武之道,今夜尽矣!"

尽信书,不如无书。古人诚不欺我们。

只是,城破之时,他可曾想起那曾死在自己手上的女人?

他们是一对不折不扣的怨偶,横眉冷对,互相折磨,在无休止的冷战与争斗中消磨掉彼此对对方残存的爱意和恨意。

只是这样的折磨在一方死后只能是暂时性地划上休止。徐昭佩死后,萧绎登基,她的身份仅仅是从妃子变成了皇妃。

若说他对她没有爱,那为何到死他也没有立后? 若说他对她没有恨,那为何在她死后做出休妻的举动,登基后连个追封的头衔都没有?

不到黄泉不相见,最好彼此在奈何桥饮下孟婆汤擦肩而过,来生来世不要相见,也不要相识。

今考古学家发掘一对白骨,相拥而亡,已历时千年。人们纷纷感慨,这是一对跨越千年的爱恋,考古学家们甚至为这对白骨命名为"瓦达洛情侣"。

可是事实呢,在漫长的时空空白中,究竟当初发生了什么,我们有谁知晓? 谁知道是不是一对怨偶在灾难中来不及逃走,发誓要看着对方比自己早死?

而徐昭佩和萧绎是否也是如此,在对彼此的折磨中看谁先选择游戏终止,谁先筋疲力尽?

# 世态沧桑，徒留凤帷

## ——在皇后与公主身份间转化的杨丽华

山亭水榭秋方半，凤帷寂寞无人伴。愁闷一番新，双蛾只旧颦。

起来临绣户，时有疏萤度。多谢月相怜，今宵不忍圆。

——朱淑真《菩萨蛮》

杨丽华（北周，561—609 年）：其父是隋文帝杨坚，其母为独孤皇后。

嫁与北周太子宇文赟为太子妃，后宇文赟登基，顺利被封皇后。然而宇文赟荒淫无道，在位期间居然闹出"五后并立"的局面。后宇文赟让位，其子即位，即北周静帝。杨丽华为太后之一。

后其父杨坚改朝换代，逼静帝让位，创立隋朝，改封其为乐平公主。

心情压抑，终身未曾再嫁。后随其弟隋炀帝杨广巡视扬州，亡于路途中。

身边的亲人钩心斗角，争夺江山。杨丽华被当作政治棋子，一生身不由己。

## 沧桑巨变今才知

她独坐菱花镜前，铜镜中是一位美貌妇人，她的眼波没有生机，深不见底，看不见眼泪，也看不见笑意。

她年纪不大，还不到三十，然而从她神色来看，仿佛已是历经沧桑，见惯世事。

敛裙起身，眼前是一堆珠光宝气，耀得人睁不开眼。恍惚间，仿佛是回到了自己出嫁的那一天——也是如此，满屋的绫罗绸缎，珍珠翡翠。狻猊双瓶白瓷尊、嵌玛瑙蓝晶金项链、玉飞天佩、镶金边白玉杯……真是奢华的大婚之礼。

父亲虽位极人臣，然而家中诸事朴素，少有见过此等盛大场面。

忽然定睛看到那灿烂珠光中的一个木盒，原是暖玉制的棋子。端过盒子，打开，纤纤玉手轻轻触摸，果然是触手生温，不愧棋中珍宝之称。只是，这玉做的棋子是否也是和人的心一样，能知冷暖无常呢？

手捧棋盒，嘴角勉强牵过一丝笑容，暗暗嘲讽：自己到头来不过也是这样一颗棋子而已。

看着桌边的另一个盒子，不用打开，她心中已知晓，那是隋朝乐平公主的金印。

这手中明明曾经是掌管周朝的凤印，现如今，她只能是前朝的皇后，当朝的公主，一切该发生的已经发生，诸事未能改变。

纵使是拼尽全力将这金印砸了粉碎又如何，往事长已矣，来者不可追。

她从柱国大将军的女儿，位极皇后，又成为太后，最后又变成公主，命运总是在跟她开玩笑，一次次将她推向不知名的境地。

多想自己为自己的人生做一次抉择，如果可以回到那个春暖花开的时节，她想继续做父亲杨坚的好女儿，嫁得一户好人家，"桃之夭夭，灼灼其华"，和丈夫举案齐眉，为父亲分担忧愁；如果可以选择不用成为皇后，她想也不至于落得几个人共分皇后的头衔这般荒唐，她和他也不用去做一对剑拔弩张的夫妻；如果可以回到皇儿登基那一刻，她不想选择成为皇太后垂帘听政，可惜父亲却需要自己来做幌子；如果可以回到诏书颁发那一天，她想砸了公主的金印，毁了眼前的一切。

只可惜，她不能。她唯一能做的，只能是默默接受。

在父亲眼中，她不过是巩固权势的工具；宣帝宇文赟心中，她不过是他诸多女人中不太显眼的一个，只是她的身份提醒他不得太过冷落她；在幼小的儿子心中，她不过是跟外公一起篡夺这宇文家族江山的人……

哪一个才是真正的她？

一边是养大的儿子，一边是亲生的父亲，容不得她做决定，江山早已变了颜色，她的父亲，亲手夺了她儿子的皇位。

而她，又从那个不情愿的太后变成了意料之外的公主，这样的人生还有什么是可以自己做决定的呢？

再也回不去了。恰如千年之后，上海滩那位临水照花的女子在自己的小说《半生缘》里所说的①。

光阴流转，一切都再不复如昨。

只是这周朝的江山，隋朝的江山，与自己又有什么关系呢？自己不过是如浮萍一般，从一个时空漂流到了另一个时空。

此后的她心中的信念全都崩塌，终身拒绝再嫁。心中放不进任何人了，或者说不知道该放进何人，更不想再一次成为政治的工具。就这样吧，平平淡淡地过完余生，与此便了结了。

小时候第一次看她的故事，对杨坚的做法十分不明白：将自己的女儿嫁给皇帝，等到皇帝驾崩亲生外孙登基之后却夺了外孙的江山，真真是吊诡且残酷。可怜他女儿白白做了政治牺牲品。

后来才发现，原来真的有句话叫"舍不得孩子套不得狼"，杨坚的心里恐怕是这样想的吧。权势诱惑的不可抗拒，还有什么不可以放弃的呢？

### 🌼 春风得意马蹄疾②

承袭父亲杨忠的柱国大将军、随国公之职，杨坚的仕途可谓是混得风生水起。

一来，杨忠本是西魏和北周的军事贵族，深得北周武帝信赖，位列八柱国家之一的杨家，按照陈寅恪先生的说法"融治胡

---

① 张爱玲小说《半生缘》中，男女主人公顾曼桢与沈士钧十年后再相逢，人世沧桑，顾曼桢对沈士钧说了一句："士钧，我们再也回不去了。"

② 出自唐孟郊《登科后》。

汉民族之有武力才智者"，"入则为相，出则为将，自无文武分途之事"。

南北融合，北方士族青年很早便要接受骑术和战术的训练，故而杨坚很早便在宇文泰麾下担任武职，仕途青云直上，家族的荣光与他自身的能力，为他奠定了良好的军事和政治基础。

二来，在其志得意满之时，又和北方政权非汉族权贵中权势最大的门第之一独孤氏联姻，娶了独孤伽罗为妻，得到其整个家族的政治支持。而其岳父独孤信，同样位列八柱国家之一。

故而，此刻的杨坚可以说是"春风得意马蹄疾，一朝看尽长安花"，说不尽的富贵荣光。

另一方面，看到杨坚手中军事、政治权力的鼎盛，周武帝便做主欲和杨坚联姻，让自己的儿子宇文赟迎娶杨坚的长女杨丽华。

娶杨丽华，可以说是杨家和宇文家综合考虑的结果，杨氏一族担心有功高震主之危，两家联姻，对保全杨家有好处。更何况，如果太子登基，长女杨丽华则有母仪天下的可能。

"皇上今日欲赐婚，让太子迎娶丽华，夫人觉得如何？"下朝后的杨坚和独孤伽罗讨论道。

"这只是主上准备压制你的办法吧，"独孤伽罗端来一杯茶奉于杨坚面前，略有些许忧虑地说，"只是这太子生来游手好闲，品行欠佳，不是明君人选，也不是好夫君人选。将我们的女儿送入太子府，恐怕是送羊入虎口吧。"

"丽儿出嫁，对我们两家都有好处，纵使是委屈了她，但是此时需得顾全大局，皇上对我已经是多有防范了。至于以后，是福是祸，都看她自己吧。终会有补偿她的时候，你这个做娘的，就多和她说说吧。"

不知是隋文帝后来为自己脸上贴金，还是确有预兆，齐王宇文宪曾对武帝宇文邕说："普六茹坚（即杨坚）相貌非常，臣每见之，不觉自失，恐非人下，请早除之。"[①]本来宇文邕对杨坚就早存疑心，听宇文宪说后，疑心更是加重。

但是杨坚在朝中有着一定的影响力，贸然加以剪除无疑是在向群臣传达危险信号，故而宇文邕有些犹豫不定。但若不剪除杨坚，宇文邕又怕养虎为患，于是便找来钱伯下大夫来和询问。来和暗中想给自己留条后路，便谎称："杨坚这人是可靠的，如果皇上让他做将军，带兵攻打陈国，那就没有攻不下的城防。"为杨坚避免了一场杀身之祸。

宇文邕还是放心不下，暗里又派人请星相家赵昭偷偷为杨坚看相。赵昭与杨坚友善，当着宇文邕之面佯装观察杨坚脸庞，然后毫不在意地说："皇上，请不必多虑，杨坚的相貌极其平常，无大富大资可言，最多不过是个大将军罢了。"又使杨坚度过了一次险关。

这时，内史王轨又劝谏宇文邕说："杨坚貌有反相。"言下之意是要及早除掉杨坚。因为宇文邕对星相家赵昭的结论相信无疑了，便不悦地说："要是真的天命所定，那有什么办法啊？"使杨坚再次化险为夷。

故而在这样一种背景下，一场热闹喧哗中，杨丽华便嫁给了宇文赟。

---

① 出自《隋书·帝纪第一高祖上》。

## 帝后荣华却生嫌

随后,公元 572 年,武帝宇文邕立宇文赟为皇太子,立杨丽华为太子妃,此时的杨坚一家也算是过着恩宠鼎盛的生活。

宇文邕野心勃勃,灭了北齐一统北方,正势如长虹般地准备遏制突厥人的掠夺之时,却突然患病,于公元 578 年驾崩,于是太子宇文赟即位。

风水轮流转,皇帝到我做。本就品行不佳的宇文赟即位后,本身的毛病便被放大得更加明显。所以说,帝位正如显微镜,帝王一点小小的瑕疵便会导致整个天下的天翻地覆,可以说是牵动太平洋海啸的那只蝴蝶。楚王好细腰是如此,纣王爱好象牙筷亦是如此。

宇文赟不恤政事、荒淫无道,登基后想的便是如何吃喝玩乐。然而他生性刻薄记仇,父亲宇文邕在世时,曾恨铁不成钢,对他严加管教,并为此亲自杖责过他,颇有些贾政打宝玉的意味。

只可惜宇文赟不是贾宝玉,一棍子没出人才,倒出了个小心眼的帝王。他对宇文邕心怀不满,对他的教育更是耿耿于怀。故而在武帝驾崩之时,他不但未曾悲伤,反而是怨恨地说:"这老家伙死得太晚了!"

也不能完全就此责怪宇文赟生性凉薄,帝王家向来就是你恨我怨的,感情这回事,顶多算个累赘。

《北史》上记载,宇文赟即位之后,在武帝发丧期间,并无戚容,甚至是"通乱先帝宫人"。这罪名，比带上自己后宫嫔妃游狎作乐更加可怕。

不过历史向来就是胜利者所写，《北史》有没有经杨坚过目，结果自然是不容怀疑的。就像史书上写的玄武门之变的起因，是因为李世民向李渊打小报告说李建成、李元吉与后宫诸嫔妃有暧昧关系。这种事，过了那么多年，史书修修改改，谁知道真相如何。

不过宇文赟这种恣意享乐的情景，颇有些叛逆少年的风采。宇文邕在位时，对他管教甚严，生怕他不堪帝位。连觐见请安，都必须跟大臣一样，即使是隆冬盛夏，也依然如此，更没有休息日。宇文赟嗜酒，而武帝却严格要求东宫禁酒；如若宇文赟稍有过错便加以责罚，甚至是直接抛出威胁论："自古以来太子被废的多少人，其余儿子难道不可以被立为太子吗？"还派东宫官员记录宇文赟的言语动作，每月禀报。

这样的行为，在宇文赟眼中恐怕早就成了"防火防盗防父皇"吧。在父亲的高压政策下，他不得不收拾起自己安于享乐的秉性，伪装成一个社会栋梁的样子。连皇位性命都差点保不住了，哪还敢考虑什么享乐的事情？

然而压制得越厉害，反弹便更是激烈。宇文赟即位后，他的各种旧习便立刻暴露出来。

武帝死后不到半年，他就大演鱼龙戏，大臣们劝谏，他不但不听，反而又令在殿前夜以继日地演，以庆贺太平。

刚过了一年，便喜新厌旧，选天下女子以充后宫。又"好自矜夸"，听不进劝谏。

他所居住的宫殿帷帐都是金玉珠宝装饰,光华炫耀,极丽穷奢。等到修建洛阳宫时,虽然还没竣工,但其规模之壮丽,已超过了汉代和魏朝。

我觉得,他的所作所为都是与武帝曾经的严苛教育分不开的。武帝禁止他喝酒,他便酗酒于后宫,甚至是半天不出门,公卿奏请,都要靠宦官才能让他知道。武帝要求他人品上等,然而他将宫殿修建得富丽堂皇,又盲目自大,自尊自傲,无所忌惮。

即位后,杨丽华妻凭夫贵,成为皇后,在平定卢昌期叛乱后,杨坚也被授予上柱国、大司马等要职。

然而,越大的荣宠,便蕴含着越大的危险,宇文邕在世便对杨坚充满了怀疑,等到他驾崩后宇文赟登基,每每出巡,都是令杨坚留守都城。慢慢地,皇族对杨坚的猜疑与日俱增,而宣帝宇文赟也开始对杨坚起了疑心。

### 🌸 五后并行实荒唐

宇文赟自称天元皇帝,封杨丽华为天元皇后。但对于这个女人,想来他是没多少好感的。

一来,她是那个讨人厌的父皇硬塞给他的;二来,杨坚地位越来越贵,听说在朝中威望也逐渐增加,那么看到他的女儿心中自然更是烦闷。

宇文赟自称天元皇帝,封杨丽华为天元皇后,但后来相继立了三位皇后:天皇后朱满月、天中皇后元乐尚、天右皇后陈月仪。元氏是开府仪同大将军元晟的女儿,陈氏是大将军陈山提的女儿。

前赵刘聪是历史上册封皇后最多的皇帝。他在位九年,先后封皇后十余人,曾并立三后,即封中护军靳准的女儿靳月光为上皇后,立原贵妃刘氏为左皇后,靳月光的妹妹靳月华则为右皇后。但这份荒唐的"三后并立"纪录,保持270年后便被周宣帝宇文赟打破。

宇文赟在后宫保持四后并立的局面,从某种程度上来说是将杨丽华的地位降低了。因此,他等着杨坚提出异议,那么便可以用抗旨罪名名正言顺将他杀死。

然而,他太过低估了杨坚的城府。只见杨坚应诏从容上朝,神态自若,未曾流露出丝毫不满,自然也就让宇文赟无从下手。

没有了外戚这一借口,那么杨皇后本人呢?她本来就是在宇文赟面前曲意逢迎,又怎会表露出嫉妒之心?面对着早已受尽冷落的局面,杨丽华想来是深知自己如若表现出不满将会招致打入冷宫的命运,也会给宣帝拔除朝中杨家势力的借口,这一点,从她第一天进入太子府便懂得。

宇文赟外出时喜欢亲自驾驭驿马,便命四位皇后和自己并驾齐驱,走得有先后时,就加以斥责。

然而,四后并立并不是最终的结果,宇文赟的荒唐并没有这么轻易划上句号。

不久,又弄出第五位皇后尉迟繁炽。

尉迟繁炽本是宇文赟从祖堂兄、行军总管杞公宇文亮的儿媳,《北史》那么吝惜词藻都会给她冠以"有容色"的评语,可见其美貌。

她以皇族大夫妇人的身份入朝时,被宇文赟看重,赐酒将她灌醉,强行将其奸污。

这宇文亮知道后,恐惧万分,立即举兵造反。只可惜不知道是不是胆量不够,行事不够果断,最终兵败,致使自己以谋反罪伏诛。

将宇文温父子诛杀后,宇文赟便把尉迟氏召入后宫,先册封为长贵妃,不久便改封陈氏为天中大皇后,尉迟氏为天左大皇后。

设立五位皇后,自然会有人跳出来反对。这古人的逻辑还真是奇怪,皇帝后宫妃子三千,然而就只能立一位皇后,算是妻子,其他都算做妾。如果有人打破这个规矩,那么一大堆大臣便跪倒哭天喊地。

册立五位皇后时,宇文赟曾征求诸位大臣的意见,果然,辛彦之便跳出来回答说:"皇上与皇后本各为一体,只能立一个皇后,不应该立五个皇后。"

可是你不同意不代表皇帝不同意,更不代表有投机分子不同意。自然,太学博士西城郡何妥便冒出来迎合说:"古时的帝喾有四妃。虞舜有二妃,先代帝王都这样。如今的帝王为什么不可有五后呢?"

宇文赟很高兴,自然是对何妥大加赞赏,对辛彦之不满,便罢免了他的官。

## 🌼 相怨相恨情不再

册立五位皇后后,宇文赟下令建造五座帐篷,让五位皇后各居住一座。宇文赟还将宗庙里的祭祀用具陈列于前,亲自拿着祝版宣读"五后并立"祝文,以祭告祖先。他经常让五位皇后乘坐玄辂、夏篆、夏缦、墨车等五种车子,自己带领侍从步行跟随,或倒挂活鸡于车上,或向车上投掷瓦片,看皇后及嫔妃吓得号叫而以此取乐。

居于皇位,成天又是广选秀女,又是大修宫殿,夜夜欢歌,酒池肉林,宇文赟的日子过得是万分逍遥,估计是闲得无聊了,又开始吃金石仙丹。只可惜吃得自己神经错乱,变得喜怒无常,甚至发明了一种刑罚"天伏",一打就是一百二十大板。

这样一来,宫中内外官员侍从无不整日提心吊胆,惶惶不可终日,连那五位皇后有时也难免遭受此刑。

杨皇后为了维护自己贤良淑德的形象,便对宇文赟进行苦口婆心的劝说,然而宇文赟刚愎自用、异常执拗,不会听从他人劝告,甚至是对向自己提意见的人都会报以仇视的态度。

杨丽华和宇文赟的关系一直非常紧张,宇文赟甚至威胁杨丽华说,只要自己不开心,即刻杀了杨家所有人都可以。

这种环境下,杨丽华的日子越发难过。

然而,为使更多的人免受责罚,她依然坚持劝谏。故而激怒了宇文赟,反而招致了天杖。

只可惜,这两人是针尖对麦芒,杨丽华的性子偏偏是不服软,依然是不卑不亢,据理力争。

本来就是失宠的皇后,现在还让自己下不来台,宇文赟自然更是震怒不已,便下令赐杨皇后自尽。

这一来,杨家上下惊恐万分,杨丽华的母亲独孤伽罗急忙跑进皇宫冒死求情,叩头把额角都撞出血来,这才感动了宇文赟,饶过了杨丽华一命。

宇文赟是吃软不吃硬的人。由于被父亲宇文邕长期高压教育,他的心理上有很严重的自卑情结。

因此他对于臣子,连"寡人"、"朕"这种称呼都不要了,直接自称为"天",以示权威,他住的天德殿,用五色土涂刷,和五行方位颜色相对应,他的车旗章服,都是数倍于前朝君王。宇文赟利用自己的皇帝特权,将自己的这种自卑渐渐发展到了一种病态的程度。

他听不惯有人的名字中有"高"、"大"这些字眼,令姓高的人都改名姓姜,连族内称高祖也只能是改为次长祖。官称名位,凡是说到"上"、"大"的,都改为"长";有"天"字的,也改掉。还令天下的车都改为"轮",没有车辙;令天下的妇人都不得施粉黛,只有宫人才可以乘坐辐车,施以粉黛。

宇文赟很喜欢对事物改名,有人用王莽乱政胡乱改名的教训来劝谏他,他反而将其人治罪。

一个自卑的人不可怕,可怕的是这个自卑的人拥有了无上的权力。而宇文赟就恰恰是这种人。生活在这种人身边,杨丽华的日子必然更是艰难。

经过劝谏一事,两人的感情更加淡薄。

## 权势相争莫奈何

宇文赟胡闹了一年,过足了皇帝的瘾,然后突然想起,自己还没享受过太上皇的生活。当皇帝虽然不用管什么事,但是时常会有大臣跳出来指摘自己的行为。那么这位子不要了,总不会有人再来指指点点吧。更何况,自三皇五帝以来,谁见过皇室还有禅让这样一种说法？那我就来享受享受禅让是什么滋味。

因此，过足了一年皇帝瘾的宇文赟便把皇位禅让给了儿子宇文衍，准备欢欢乐乐享清福。将天元皇后杨氏立为天元大皇后，天皇后朱氏为天大皇后，天右皇后元氏为天右大皇后，天左皇后陈氏为天左大皇后，正阳宫皇后直称皇后。

只可惜，他的如意算盘打得虽好，但没过上几天他所梦想的好日子，一年多后便驾崩了。

宇文赟死后，宇文衍即位，即周静帝。而当初那五位皇后，便跟着都荣升为太后。

上天元上皇太后尊号为太皇太后，天元圣皇太后李氏（宇文赟母）为太帝太后，天元大皇后为皇太后，天大皇后朱氏（宇文衍生母）为帝太后。

其天中大皇后陈氏、天右大皇后元氏、天左大皇后尉迟氏并出俗为尼。尉迟氏没有尊为皇太后，估计是诸臣也不知该给予她什么尊号吧。这样的尴尬，大家都睁一只眼闭一只眼过去了。五位皇后，三位在其死后出家，可见当初在后宫的日子也是提心吊胆，并非心甘情愿。

杨丽华虽然在宇文赟在世时已失宠，仅仅保留这五后并立中名义上的第一而已。然而就是这样的身份，再加上其父亲杨坚的权势，剩下的两位太后中朱氏虽然是静帝亲生母亲，但是娘家并无权势，到头来自然是杨丽华在后宫中最能说得上话。

另一方面，由于周静帝仅仅是个八岁大的孩子，尚不能亲政。大臣刘昉、郑译便与诸位大臣谋议，觉得杨丽华的父亲隋国公杨坚出面主持国家政务最合适不过。

其实,从某种程度上而言,杨丽华对于父亲杨坚掌权是怀有戒心的。父亲韬光养晦这些年月,绝对不是周公之心。

当初嫁入鲁王府,属于政治联姻,她自己也是对前途有所了解的,故而能忍辱负重在宇文赟身边待那么久。

然而父亲现在出面执政,充当了整个国家的实际执行者,其实已经把皇位架空。

但如若权力不交给自己父亲,恐怕也没有别的值得信任的人了,毕竟皇上太小,还来不及做出自己的判断。故而最终北周朝中的权力还是让杨坚总揽,并进爵为隋王,封其郡为隋国。

### ❀ 此身为棋不自由

然而,这样的日子,杨坚也等不下去了。公元 581 年,杨坚逼静帝让出帝位,就这样不费一兵一卒夺了宇文家的江山,建立隋朝,称隋文帝,杨丽华对此大为不满。

在某种程度上而言,隋文帝对这个女儿是有愧疚之情的,故而在公元 586 年封她为乐平公主,并希望她趁着年轻,可以改嫁。

然而出乎意料的是,杨丽华誓死不从,决意守志终身,杨坚和独孤伽罗勉强不得,只能作罢。

而那位年幼的周静帝,书上说他逊位于杨坚后,居于别宫。隋朝皇室奉他为介国公,食邑万户,车服礼乐,一如周制;上书不称表,答表不称诏,看起来倒是待遇挺优厚的。只可惜,这个安安静静的小孩子寿命不长,隋开皇元年五月便驾崩,年方九岁。

还没等到他明白过来是名义上的外公夺了自家的江山，他便已经安安静静去了另一个世界。谥"静"恐怕是对他一生最好的概括。

然而，细看来，这小孩的死恐怕也不是那么简单。宇文赟是属于被酒色掏空了身子，故而壮年而亡。

而宇文邕虽不算长寿，但是常年戎马生涯，也算是活得比较健康。那么即使宇文家不是长寿一族，宇文衍也不至于就此早夭。

只怕是有人怕将来有人利用小皇帝的名义起兵谋反，或者小皇帝长大后，光复自家江山，故而斩草除根吧。

至于杨丽华，似乎跟她兄弟杨广关系不错。后隋炀帝大业五年，杨丽华陪其到甘肃张掖出巡，病死在酒西。杨广返回京城时，把她的棺木带了回来，附葬于周宣帝的定陵。

《北史》倒是说得仿佛杨丽华对于父亲篡位这件事丝毫不知情。说是当初宇文赟病重，召杨坚进宫侍奉。等到死后，是刘昉、郑译等人私造遗诏，令杨坚受遗辅政。杨丽华当初并不曾参与谋划，但考虑到皇帝太小，恐怕权势旁落，"不利于己"，得知刘昉、郑译等人的做法后，也是感到高兴，只可惜后来发觉父亲有篡位的意思，心中颇为愤愤不平，等到父亲逼静帝禅位，心中更加愤懑。

这解释也算合理，本来她跟宇文赟的夫妻感情也不见得多好，之所以之后未曾嫁人，并不是守节的表现，只是觉得一代江山误在了自己手中。

试想，如若杨坚未曾改朝换代，那么她还是高高在上的皇太后，安心接受天下人的尊奉。而如今，她不过是被人用来改朝换代的一颗棋子，棋子受人摆布，而棋子的心有谁知？

　　有的时候明白被人利用之时是愤怒和悲痛,只是当利用自己之人偏偏是最为亲近之人时又当如何? 或许从一开始并不知道自己的命运,然而知晓了又当如何?

　　生而有种种不自由,然而既然在这尘世走一遭,那么我们便不可避免地要陷入诸多羁绊中。不管是否情愿,这些斩不断的羁绊或许都成为我们生命存在的痕迹。然而,如若不能斩断这些脉络,那么我们能否可以不像杨丽华一样只是顺从这些羁绊所构建的网络呢?

# 乱世桃花逐水流

## ——隋唐第一美人萧皇后

一曲新词酒一杯，去年天气旧亭台。夕阳西下几时回？

无可奈何花落去，似曾相识燕归来。小园香径独徘徊。

——晏殊《浣溪沙》

萧皇后(隋朝,约 566—648 年):梁明帝萧岿之女。

她是隋唐传奇中经历最特别的一位皇后,中国历史上唯一被六个皇帝疯抢半个世纪的女人。

13 岁时因占卜嫁给当时尚为晋王的隋炀帝为妃,历经杨广、宇文化及、窦建德、突厥处罗可汗、颉利可汗和李世民等数位君王。从萝莉、熟女到半老徐娘,她的魅力从未打折。

## 江山依旧人事非

永安宫上，万籁寂静，龙椅上是高高在上的君王，宣政殿前是群臣侍殿，整个太极宫中洋溢着喜庆之气，大破突厥的局面令在座的每一个人倍感豪情。

铁血玫瑰般的开唐，锦绣簇拥的皇宫，让人不知不觉沉醉。在众人的注视下，一名女子缓缓行来。

莲步轻移，金丝缀珠绣履轻轻地踩在莲花纹地砖上。十二瓣莲花纹，外区四角为葡萄蔓枝叶，最外侧边际为连珠纹盛开的花朵，卷曲的蔓叶，令人感受到自由、豪放的唐代艺术气质。

而大殿之上这名女子仿佛是一件历经岁月雕琢的瓷器，显露着时间的风霜和她当初的绝代风华。她高挽着螺髻，眉额际红描菱花形花钿，身着黄地橙红相间卷草纹半臂锦袖，下穿束胸红长裙。虽已是年逾六十之人，她身上的那种雍容华贵、淡然宁静的风度却未曾消失。相反，多年流离的生活将她打磨得越发沉寂，她的眼神中有着超脱世外的恬淡。

仿佛是杜拉斯笔下《情人》开篇的再现：

我已经老了。有一天，在一处公共场所的大厅里，有一个男人向我走来，他主动介绍自己，他对我说："我认识你，我永远记得你。那时候，你还很年轻，人人都说你很美，现在，我是特为来告诉你，对我来说，我觉得你比年轻时还要美，那时你是年轻女人，与你年轻时相比，我更爱你现在备受摧残的容貌。

有人说，最怕将军白头，美人迟暮。然而，有一种美人，她会随着时间逐渐老去，然而岁月却赋予她人生的睿智和淡然，这种气度不是年轻时的美人所能比拟的。

就像杜拉斯晚年的小情人雅恩，爱着杜拉斯，敬着杜拉斯，不敢离去。

反观现在有的女明星，明明已是迟暮之龄，却依然拿痴作娇，惹人嘲笑。其实，随着时间的磨炼淡然老去，未必会是坏事。

有的时候，一个人的气质可以决定一切。像奥黛丽·赫本，可以优雅地老去；像杨绛，可以安然老去。生老病死，自然现象，不可抗拒，故而不妨以坦然态度来接受。

贞观四年，她再次踏上长安这片土地，马车辚辚驰过长安道，陌上花开，然而一切早已不复从前。她掀开窗帘，举目四顾，看这敞亮的长安道，繁盛如往昔。未曾想过还会回来，正如当初未曾想过会离开，她慨叹道："江山依旧，人事已非。"

想当年和杨广新婚燕尔，恩爱非常，真真是岁月静好，现世安稳。只可惜后来半生颠沛流离，所有的富贵荣华，不过都是过眼烟云而已。

落叶归根。这里是自己的伤心地，也是自己生长过的地方。故而，她抬头望那龙椅上的君王，不是没有过感激的。

额头宽广，剑眉有力，相貌标致，气派雍容，看他指派大将李靖大败突厥大军，听四海歌颂他，想来是个明君。也许，从今而起，像自己当初那样颠沛流离之人便会减少了吧。民间传说的玄武门之变，帝王之家，从来都是血腥与阴谋，当初杨广弑父夺位不也是如此吗？只是，如若明君当道，终究还是百姓之福。

太宗看着这位前朝皇后萧氏，心中感叹李靖给了自己多好一个控制舆论导向的机会。趁着这老太太行礼之际，急忙让她起身，此后将她锦衣玉食侍奉在宫中。

这位萧皇后在唐宫中平静度过了十七年的岁月，于贞观二十一年逝世。而李世民更是把戏做足全套，完全按照皇后礼仪将萧皇后葬在杨广之陵，谥愍皇后。

## 有人夫婿擅侯王

萧氏本是金枝玉叶，她的父亲原是南北朝末期的西梁孝明帝萧岿。想当初她出生之际，那位著名的占卜师袁天罡便对这小女婴的相貌惊奇不已，遂推算了一番她的生辰八字，最后得出了八字定论："母仪天下，命带桃花。"萧岿对此是大为讶异。

母仪天下，自己的女儿身为公主，难道要与南北朝其他国家君主联姻，成为一代桃花？既然是母仪天下，那又何来桃花之说？

其实这个段子不过和后来上官婉儿出生之前，其母梦到天神赐一杆秤杆，说是可以用来称量天下一样，暗示了人物后来的命运。这不过是后人颠倒了因果人云亦云而已，历史留名之人，必然有异于常人之处，怎能事事都与寻常人一模一样？

萧公主出生于二月，而当地的习俗认为二月出生的子女不吉利，故而萧岿便把女儿交给了他的堂弟萧岌收养。真不知道是萧公主命硬还是运气不好，没过多久，她的养父萧岌便去世，而她的舅父不得不收养了自己的这个外甥女。然而舅父家甚为贫穷，有的事情还需要萧氏亲自去做,童年自然是比不上她那些金枝玉叶的姐姐们。然而也正是这样的环境,让她从小便见惯了人情冷漠,也学会了诗词歌赋、针黹女工,足见其不凡。

另一方面,她的父亲萧岿还安然地当着他的皇帝。然而,表面上看起来,仿佛萧岿是西梁皇帝,但这个皇帝在疆域上并不见得有多少实权,虽然自称皇帝,然而在很长时间里后梁都有北朝所设置的江陵总管,名义上是用来保证兵权,以求后梁不被南朝攻击,实际上却是用来监督后梁的君主。

因为萧岿的父亲萧察和梁元帝萧绎不和,故而在萧绎继承梁帝位后,萧察便投靠了西魏,被西魏皇帝封为梁王。这才有了上述的一幕。

公元 562 年,萧察驾崩,他的儿子,即萧氏的父亲萧岿即位,这便是梁孝明帝。萧岿是萧统,即文学史上赫赫有名的昭明太子之孙,骨子里也承袭了祖辈的文艺细胞,抑或者说,偏安一隅,寄人篱下,萧氏只能寄情文学,曾著《孝经》、《周易义记》、《大小乘幽微》等十四部书。

一方面,萧岿继续推行着萧察的政策,联合北周来抗击南朝陈的威胁;另一方面,和北周交好,有为臣之实。而在北周武帝宇文邕灭北齐后,萧岿更是亲自赴长安祝贺,因此深得宇文邕的信任。

然而北周这边也不大太平,公元 581 年,年幼的周静帝被迫将皇位"禅让"给外祖父杨坚。

此后隋文帝杨坚登基,萧岿又亲自奔赴长安祝贺,换得了杨坚的信任。杨坚非常高兴,也是为了稳定南方,便有意与萧岿联姻。

开国大典,杨坚立长子杨勇为太子,封次子杨广为晋王。故而希望能从西梁挑选一位公主作为晋王妃。这边萧岿自然是求之不得。

萧岿便急忙忙跑去占卜，可是呢，这占卜也是个运气活儿，占卜的结果是萧岿身边的女儿都不合适。突然间，萧岿脑子里灵光一闪，这乡下不还养着一个丫头嘛，赶紧接回来。

也合该是萧氏时来运转，占卜的结果竟是大吉大利，萧岿便将这个女儿嫁给了杨广，被封为晋王妃。

萧氏与杨广的婚期大致是开皇二年底或三年（583）初，虽然隋文帝向来推崇节俭，不过这次婚礼却是盛大异常，也算是给足了萧岿面子。

### 🌸 知书达理辅君心

婚后的萧氏甚为贤惠，书上说她"性婉顺，有智识，好学解属文，颇知占候"①。

她从小吃苦耐劳，知书达理，故而深得杨坚夫妇的喜爱。而她骨子里承袭的萧家的文学细胞，又让她多了一份文学积淀。

而她与杨广的结合，更是对杨广的一生产生巨大的影响。史称她"初归藩邸，有辅佐君子之心"，因此，后来隋炀帝的政治观点、文学素养、艺术审美等方面，想来也受过她的影响。

这两人结婚后，夫唱妇随，和和睦睦，羡煞旁人。

后来连唐太宗读史书时都不禁感叹隋炀帝遍览群书，文学修

---

① 出自《北史》卷十四列传第二。

养甚高,想来能和他琴瑟和谐之人非寻常之人。

萧妃是个贤内助,两人应是时常在晋王府中交流;而西梁,隋将它驻扎在后梁的江陵总管撤回,使得后梁获得了自主权。杨广日后和江南地方的政治集团结合,和这场联姻不无关系,而他岳父萧岿的一些重臣在后来杨广的发展道路上也起到了不小的作用。

一方面,萧妃扮演着知书达理、温顺贤良的晋王妃;另一方面也配合着杨广上演一幕幕夺位之戏。

杨广的母亲独孤皇后是个终身的女权主义者,最恨男子花心,故而独孤皇后和隋文帝到杨广家的时候发现杨广家的孩子都是与萧妃所生;隋文帝崇尚节俭,最恨奢侈浪费,故而杨广每次出征归来总是送上一大堆的珠宝财物给他的大哥——太子杨勇,偏生这杨勇又是个没头脑的,笑嘻嘻地照单全收,结果惹来杨坚夫妻的恨铁不成钢;杨坚崇尚文化,憎恨享乐奢靡,到了晋王府,发现府上的仆人丫鬟都是简单朴素之人,府内丝竹乐器之类长久不用,还有积灰,不禁大为赞赏。

同时,杨广又笼络隋文帝近臣。连严肃古板的《资治通鉴》也绘声绘色地描述道:

> 上及后每遣左右至广所,无贵贱,广必与萧妃迎门接引,为设美馔,申以厚礼;婢仆往来者,无不称其仁孝……

因此,这妻管严杨坚在老婆独孤氏和众多大臣的非议下,废除了儿子杨勇的太子之位,改立次子杨广为太子,萧氏也成功做了太子妃。

男人有钱就变坏。这句话在杨广身上也算是半应验了。本来虽然一向宠爱自己的母亲独孤氏已经去世，但自己已是太子，而这朝廷也几乎都在自己的掌控之中，只要再耐心等待这病中的父亲驾崩，这皇位自然是手到擒来。

但杨广却已等不及了，他想早一点登上那个位子。

恰巧这时被他看到了父皇最为宠爱的一名妃子——风华绝代的宣华夫人。色心遂起的杨广，便试图冒犯宣华夫人。

要说这宣华夫人也不是一般的嫔妃，她原是陈宣帝的女儿。一代公主，国亡之后没入掖庭，好不容易等到独宠的独孤皇后死掉自己有了独宠的机会，然而却受到此番侮辱，自然愤而告状。

这时候隋文帝才意识到从前这个儿子所表现出的种种优良品德都可能只是做戏而已，故而急忙宣召杨广觐见。杨广并不是无谋之辈，有违人伦的事情，他既然敢做，自然准备好了后路。

杨广已对杨坚起了杀心，最终弑父即位。

而那位宣华夫人呢？有的小说记载得十分香艳，说是宣华夫人本来遇见杨广这回事就够倒霉了，结果听说皇上驾崩，太子即位，心里是忐忑不已，心想恐怕是非死也流放。结果杨广派了使者送一金盒给宣华夫人，并亲自加上签名封条。宣华夫人收到后，战战兢兢，以为是杨广送来的毒酒，不敢打开。而使者一直催促她，她才开盒子。打开一看，发现里面竟然放的是同心结，"倾合卺，醉淋漓，同心结了倍相宜"①，这才放下心来，从此只得对杨广曲意逢迎，偷生于世。

故事颇具戏剧化，然而事实又是否如此？

---

① 出自宋无名氏《鹧鸪天》。

同心结的桥段一看就是后世的小说家演绎的,那么前面杨广弑父夺位呢?

估计有悬念。按常理说,杨广做戏都做了那么久了,也不至于一时都忍不住,急着立刻即位。况且,杨广又不是秦始皇他爷爷安国君,做太子做了几十年,隋文帝染病在床,想来是命不久矣,照杨广那种心思,断然不会做出此等白痴之事。

再者,按照柏杨先生的说法,杨广是严重的"大头症"患者,即俗称的好大喜功者,他一方面要代理隋文帝的权力,另一方面还得防止出现内忧外患的情况,精疲力竭之余还能见到宣华夫人,然后一路尾随意图不轨? 想来是不大可能。

应该说,这时候的杨广还是个善于蛰伏、长于自制、胸有宏图大志之人。

## 谨言慎行实可敬

然而,等到隋炀帝登基,喜好奢侈的品行便显露无疑。

别的皇帝是三宫六院七十二嫔妃,他倒好,一口气在西苑修了景明院、迎晖院等十六院。此外,他从应征而来的天下美女中,选出十六人,封作四品夫人,分别入住各院。另外挑选三百二十名美女学习吹弹歌舞。

成为皇帝后的杨广并没有忘记他的发妻,萧妃也自然而然从太子妃晋升为皇后,雍容华贵,也印证了袁天罡所谓的"母仪天下"之语。

对于萧氏,杨广也不能说没有真心,他特意下诏说:"朕祇承丕绪,宪章在昔,爰建长秋,用承缱荐。妃萧氏,夙禀成训,妇道克修,宜正位轩闱,式弘柔教,可立为皇后。"①虽说是官样文章,但其中的情意至少还是真诚的。

然而,此时的帝后二人,感情却不再如昨。纵使依然尊宠原配,杨广的心早已不在萧氏身上。而且,他对国家的建设也已不再如从前的尽心尽力,而专注于奢侈享受,起朱阁,建宫殿,像纣王一样用起了象牙筷、白玉盏。

面对杨广的这些变化,萧氏只能是睁一只眼闭一只眼,明哲保身。《隋书·后妃列传》写道:"后见帝失德,心知不可,不敢厝言。"

也许也正是这样的隐忍大度,或者说明哲保身,才让沉湎于酒色的隋炀帝对她一直十分礼敬。后来杨广每次出游,都少不了要把自己的皇后带在身边。

### 命犯桃花身飘零

纵使萧后再怎么贤惠,也依然改变不了隋亡的趋势。

> 暮江平不动,春花满正开;流波将月去,潮水带星来。②

春江花月夜,正是良辰美景,繁华如盛,然而那大运河还未竣工,天下已经大乱,太原留守李渊攻下长安;宇文化及与兄长宇文

---

① 出自《隋书》。
② 出自杨广《春江花月夜》。

智及在扬州起兵造反,率兵进入离宫,那位感叹好头颅谁当取的杨广,临危之际却找不到他随身携带的毒药,最后窝囊地被叛臣用裤腰带给勒死。

据说是萧皇后亲自收尸,这对少年夫妻,也曾言笑晏晏,也曾相亲相爱,只可惜地位的变化,也造成了人心的变化。彼此的疏远,不再是富贵祸患所能填补。

**眼看他起朱楼,眼看他宴宾客,眼看他楼塌了。①**

不是没有相爱过,不是没有共享荣华过,只是这人间富贵,转瞬化作云烟,而那枕边之人,死得如此悲戚。一时之间,真真是叫人想不开。

乱世桃花逐水流,烟花三月,萧氏就这样成了一名寡妇和女俘。女人,在乱世中永远都只能是充当战利品,美色亦如一件珍稀的收藏品,是一份理所当然的荣耀与大男子主义虚荣心的满足物。

萧氏虽然是平时积善行德,留余庆,可惜,她的美丽端庄,她的身份高贵,到头来都成了她悲剧的源泉。倘若她仅仅是一名普通的小宫女,或许趁着宫中动乱之际,可以幸而逃出宫外,获得一生自由,淡然一生,未尝不是一种幸福。

可惜,这不是在演《双城记》,《隋书·宇文化及传》倒是说得非常隐晦:"化及于是入据六宫,其自奉养,一如炀帝故事。"

想来,不过是如齐宣姜跟了卫宣公,甄洛随了曹丕,宇文化及

---

① 选自孔尚任《桃花扇·离亭宴带歇指煞》。

"理所当然"地"继承"了杨广的"财产"。"船载萧皇后、宫人和珠宝西归"。

如果这是结束，也许对于萧氏而言，此生只怕是心如死灰，过一天算一天吧。只可惜，这并不是最后的结束，她颠簸的命运不会因此而终结。

宇文化及率军北上，萧氏"随军至聊城"；骄横如宇文化及，还未等江山坐稳，就迫不及待地开始享乐，不怪乎招致祸端。由此来看这个所谓的短命王朝"隋"，灭亡的原因恐怕在于天下并未完全一统安定下来，而杨广又一味地奢侈淫逸，四处征伐，造成国库补给不足。

### 故园东望渺鸿鱼

宇文化及被李密打败后，又被王薄所杀，他的余部又被河北枭雄窦建德收编。萧氏不得不再次面对成为战利品的命运。

很难想象，她曾经以为的安稳，到了如今该是怎样一种心态。从小，算是被父母遗弃，跟着舅舅，家中虽然日子辛苦，倒还平静。等到嫁与杨广为妻，荣宠升为晋王妃，再到太子妃，最后荣登皇后宝座，不过是淡然如水的心态。

只可惜，自己没有变，和自己相伴相守的那个人却变了。从此，淡出他的世界，真真到了"相敬如宾"。然而，终究是国破家亡，云散高唐。如浮萍一样落入他人手中，而现在同样的事情又降临到了自己身上。

不过这次她遇上的是窦建德,打着"忠于大隋"的旗号,对她恭敬有加。

《旧唐书·窦建德传》里说:"建德入城,先谒隋萧皇后,与语称臣。"这样的待遇,说到底,还是因为她身上前朝皇后这一身份吧。对于窦建德而言,她有着比美色珍品更贵重的价值——一枚政治棋子。

与其说她是被窦建德解救,倒不如说她从一名女俘成为另一名女俘。在这义军营寨中,她充当着安抚义军的角色。

不过,在窦建德手上,萧氏的确是未受屈辱。

> 建德每平城破阵,所得资财,并散赏诸将,一无所取。又不啖肉,常食唯有菜蔬、脱粟之饭。其妻曹氏不衣纨绮,所使婢妾才十数人。至此,得宫人以千数,并有容色,应时放散。

曾有好事的小说家将霸占萧氏这样的故事安插在窦建德身上,想来是不大可能。一来未见有较让人信服的史料记载,二来,窦建德被誉为是隋唐群雄之中本来最有可能称帝建立大统的人,他的雄心壮志注定他只会将萧氏视为一枚政治棋子而不是女俘。

自古以来,江山美人,孰轻孰重,帝王世家有多少是为儿女私情所累的?

更何况窦建德的妻子曹氏始终跟随在他身边,有这么一个河东狮,想来窦建德也不至于去招惹萧氏。而萧氏这等本分淡然的女子,自也不会自荐枕席。

还有一层原因便是萧氏在窦建德身边的日子并未有多久。

## 🌸 安稳平静终年岁

正值中原大战之时,北方突厥人的势力也迅猛地发展起来了。之前远嫁和亲的义成公主(宗室女),听说了萧氏的事情,自然是不愿袖手旁观,便以可汗的名义"使迎后于洺州"。

二十年前,杨坚把这位义成公主嫁给了启明可汗。后来,启明可汗死了,按照胡人的风俗,继承王位者将继承先王的所有财产与女人,大名鼎鼎的王昭君也是如此。

蛮夷习俗,哪里是中原之人所能适应,故而王昭君也曾向大汉请求归宁。这义成公主义想来也是经过了一番挣扎,最终还是改嫁给了"儿子辈"的始毕可汗、处罗可汗和颉利可汗。按理说,义成公主算是杨坚的女儿,也算是萧氏的小姑子。

窦建德此时自顾不暇,因此,"不敢留,(萧后)遂入于虏庭"。这便是我们上面提到的窦建德并未侵犯萧氏的又一原因。

由此,萧氏又开始了她流亡大漠的生活:携孙杨政道、侄孙萧嗣业共赴大漠,寄居突厥长达十年。"大漠孤烟直,长河落日圆。"①蓬草飞旋,大雁长鸣,背井离乡,颠沛流离,多好的艺术题材!

于是小说家们又开始发挥想象,觉得萧氏成了蔡文姬,在大漠嫁人、生子,和义成公主共同被纳入了处罗可汗的寝帐。

不过,我觉得既然义成公主能让可汗接走萧氏,那么应该不是

---

① 出自唐王维《使至塞上》。

存的二女共侍一夫的心思。还让她带上子嗣，不过是政治避难而已。

落叶归根，恐怕萧氏自己都没有想到还有回到长安的一天吧。"大唐贞观四年，破灭突厥，乃以礼致之，归于京师"，半生颠沛，终究还是回归故土。只是这天还是旧日的天，这景早已换了模样，这人，也已历经沧桑。

然而，就算是重新回到这里，流言蜚语依旧没有远离她，甚至给了她一个更为尴尬的身份——唐太宗李世民的妃子。

诸多的无聊小说家编故事说李世民看到这位风韵犹存的前朝皇后不过四十岁左右，多年的生活经历更为她增添了一分成熟的韵味，故而不顾身份，纳其为昭容，演绎了一场浩浩荡荡的姐弟恋。

这话真是好笑，萧氏回到长安都已是六十岁年纪鸡皮鹤发的女人了，何来风韵犹存之说？

其次，即使李世民纳了萧氏，按李世民的性格和当时唐代风气，他连弟弟李元吉的妃子都能抢占，载于史书也没什么了不起。不过，连官修史书《旧唐书》和《新唐书》都只言片语亦未提到，可见此言论之荒谬。

不过李世民对这位前朝皇后礼遇有加倒是真的。最受欢迎的便是坊间流传的一个故事，说是李世民破格举行了一场盛宴，为萧氏接风。那场豪华规格，按照贞观时代的标准来说，太过奢侈，然而李世民却笑呵呵地问萧氏："您以为眼前的排场比隋宫如何呢？"

说实话，这个档次，压根儿不能和隋宫相比。当年夜宴，硕大的夜明珠熠熠发光，如同白昼；殿前篝火成堆，烧的是上好的檀香木，据说每晚都要烧两百车……

不过，萧氏却不动声色地答道："陛下乃开基立业之君，怎可与亡国之君相比？"闻得此话，李世民自然是对眼前这位老妇人肃然起敬。

这事的真假恐怕也需考证一番，估摸着十之八九是假的。李世民脑子有烧坏的时候，不过时间都不长，如何可能脑门发热如此长时间去准备这样一场盛大的迎接仪式，难道长孙皇后也陪他一起疯癫？

但李世民愿意奉养这位前朝皇后倒是不假。《北史》里说："(萧氏)归于京师，赐宅于兴道里。"一来，有助于粉饰太平，安抚人心；二来，两家算得上是"亲上亲"，杨广是李世民的亲表叔，李世民的宠妃大杨妃是杨广的女儿，无论从哪个辈分排，萧氏也算长辈；其三，李世民的智囊萧瑀，是萧氏的亲弟弟，给臣子一个天大的面子，只会有益无害。

因此，萧氏算是平静地在皇宫中安享晚年。


## 心吐思兮胸愤盈

(贞观二十二年)庚子，隋萧后卒。诏复其位号，谥曰愍；使三品护葬，备卤簿仪卫，送至江都，与炀帝合葬。

——《资治通鉴·唐纪》

半生流离，有过辛酸，有过尊荣、悲戚、贵重。她的一生是个传奇，也是一个悲剧。

尽管杨广一生拥有过无数女子，可他有明确记载的才不过五个子女。其中,他的三个儿子中有两位系萧后所生,两个女儿中有一个系萧后所生。如果说之前是为了皇位故而只留下和萧氏所生的孩子,那么即位后其对萧氏亦是不离不弃,想来这女子在他心中还是占有一定地位的。

杨广琴棋书画样样俱全,萧氏诗书礼仪颜条条具备,他和她在一起,往昔种种,并不全是虚情假意。杨广对萧氏,某种程度上有点像高欢对李祖娥。少年夫妻恩爱多,纵使是后来或有他人介入,或有误会产生,而她与他,最初也不过是尘世间一对普通的恩爱夫妻罢了。

只可惜,万事不由人,猜得了开头,却想不到结局。诸多变故,他的非正常死亡,她的颠沛流离,曾经的感情,恐怕也已被岁月消磨殆尽,淹没于我们看不到的角落。

在错乱的历史中,萧氏的故事常常被改写,因为这位皇后的美丽,小说《说唐》和评书《隋唐演义》里说,萧皇后叫"萧美娘",本是太子杨勇的妻子,后来被杨广霸占,还有萧美娘调戏李世民,私通李密的故事。可怜如此一女子,到头来却成了无聊文人笔下的一抹文墨香。此外,电视剧《乱世桃花》中,女主角柳絮的原型应该便是这萧氏了,可惜又是一个戏说而已。

萧皇后的一生充满磨难,阅尽千般沧桑,最后淡然走向终结,徒然让人叹息。

而她的女儿南阳公主,在《隋书·列女传》中的记载似乎也比她好不了多少。南阳公主本是杨广长女,金枝玉叶,才貌双全,后嫁于宇文化及之弟、文才出众的宇文士及。可惜由于宇文化及的叛乱,父皇的惨死,南阳公主的后半生也因隋亡而被改写。她因杀父事与宇文士及决裂时曾道："我与君仇家。今恨不能手刃君者，但谋逆之日，察君不预知耳。"此后她在长安削发为尼。

前半生是金枝玉叶，后半生常伴青灯古佛，国破家亡，看破红尘，可是那佛门清净之地，真的能让自己前尘全忘记？

战乱对于这些女子而言，恐怕只能问一句：皎皎窗前月，何处是吾乡？

# 山盟虽在，锦书难托

## ——与陆游情缘难续的唐琬

红酥手，黄縢酒，满城春色宫墙柳；

东风恶，欢情薄，一怀愁绪，几年离索，错！错！错！

春如旧，人空瘦，泪痕红浥鲛绡透；

桃花落，闲池阁，山盟虽在，锦书难托，莫！莫！莫！

——陆游《钗头凤》

唐琬（南宋，生卒年不详）：字惠仙，少有才名，温婉聪颖。

嫁与陆游为妻，然三年未有所出，且夫妻太过恩爱为陆母所嫌。被陆母下令写下的一纸休书所驱逐。然夫妻情谊深厚，陆游将唐琬藏于外室，然为陆母所识破，终究云散高唐。

陆母为陆游另聘王氏，唐家将唐琬嫁与宗室子弟赵士程。后两人于沈园重逢，悲辛交集之际，陆游写下《钗头凤》一词，伤痛离去。唐琬见过该词，唤起心中伤痛，遂郁郁而终。

与《孔雀东南飞》相似的爱情悲剧，唐琬爱得太深重，是为情深不寿。

### 沈园相逢今非昨

这年礼部会试失利，他回到家乡，江南烟雨，风景如昔，只可惜人事非昨。才名无用，爱人不在身边，这半城的风景，看来倍感凄凉。

为了排遣心中抑郁，陆游四处闲游，希望借由这青山绿水，或与才子名士一道博弈为乐，或与旷达之士畅饮谈欢；或与隐逸禅师品读佛学经典，最终纾解一腔报国无门的愤慨。

鸢飞草长，桃红柳绿，信步来到禹迹寺的沈园散心。沈园布局典雅，院内是繁花弄影，幽泉叮咚，曲径通幽，不愧是个游春赏花的好去处。

沈　园

清风拂面，漫步长廊，山穷水复转角处，迎面走来一位纤纤女子。四目相对，不禁双双愣神。

正是江南好风光，这天，夫君说："天气明朗，出去走走散心吧。"她没有反对，只是如寻常的贤良妻子一般随他出了门。

这么多年，没想到竟然是以这样的方式重逢。两两相望的眼神中，欣喜、思念、悲伤、无奈……万般思绪，都隐藏在这对望之中。

"你好吗？"这样简简单单三个字，却如同大石，堵在两人心口，说不出来。心中的伤痛像石粒投入湖泊，激荡起圈圈苦涩的回忆。

不是没有想过会再度重逢，只是当时太过天真，以为分别便是再会。只要相爱，总会有重新厮守在一起的那一天。

即便是从此以后彼此的生命线如两道平行线，但随着时间的流逝，终究会有相交的那一天。

"两情若是久长时，又岂在朝朝暮暮。"①活着总会有相聚相守的时候，不是吗？

只可惜，轮回辗转，他已是使君自有妇，她也是罗敷自有夫，前尘旧事，恍若一梦。

她旁边的便是她的丈夫赵士程吧，洒脱从容，对她一脸关切，想来对她是极好的。

他一个人，还是宛若少年时那般明朗镇定，然而眉宇间却多了些许落寞和沧桑，听得他会试的结果不好，此番打击对他甚大吧。

如果可以回去该有多好。不管是青梅绕竹马的言笑晏晏，还是新婚燕尔的如鱼得水。记忆就像繁花织就的一匹锦缎，华丽得让人不愿忘记。

---

① 出自宋秦观《鹊桥仙》。

还是那么贪恋他的目光，四目相接不忍离开。时间仿佛在此刻凝结，所有的记忆仿佛是电影片段般在脑海中一一闪过，又仿佛是有人用刀在心中划开那好像已经结痂的伤口，每一分撕裂，都是锥心刺骨的疼痛。

可是，这些必须忘记啊。转头对赵士程浅笑："这是妾身的表哥陆游，多年未见，不如备些薄酒以表心意？"

赵士程望着她，点头答好。心中不是不明白，这便是妻子之前的丈夫，也是她这么多年不能开心的缘由。刚刚她的笑意中，有太多伤感，太多悲凉，如何能再见她这般憔悴下去。

这边陆游也回过了神，愣愣地接过唐琬奉上的食盘，将其中的黄滕酒一饮而尽。


### 🌸 钗头凤断前尘了

不是没想过就这样带着她远走高飞，然而天地之大，可以躲到哪里去呢？本以为建功立业，可以重新和她相知相伴，谁知，在临安参加"锁厅试"之时，明明靠自己的才情和博学赢得了考官陆阜的赏识，被荐为魁首。然而倒霉的是，同科应试获取第二名的恰好是当朝宰相秦桧的孙子秦埙。秦相深感脸上无光，于是在第二年春天的礼部会试时，硬是借故将自己的试卷剔除。

如斯落魄，还有什么理由可以带她离开，还有什么资格说可以给她幸福？今生今世，恐怕只能魂梦相依作为牵系了。

拿起那碗黄滕酒，昔日的甘醇，如今都成了满喉的苦涩，心中的酸涩更是不堪诉说。

黄滕酒，如何不是忘情水呢？忘了这前尘旧爱，一切重新开始。

今夕何夕，连句"各自珍重"都道不出口。望着她离去的身影，心中满是黯然。

放下空掉的酒杯，忍住心头的伤痛，提笔在墙上写下一首《钗头凤》：

> 红酥手，黄滕酒，
>
> 满园春色宫墙柳；
>
> 东风恶，欢情薄，
>
> 一怀愁绪，几年离索。
>
> 错！错！错！
>
> 春如旧，人空瘦，
>
> 泪痕红浥鲛绡透；
>
> 桃花落，闲池阁，
>
> 山盟虽在，锦书难托。
>
> 莫！莫！莫！

就这样离开吧，即使是万般贪恋她递过来的酒杯的温度，万般留恋她流转的眼眸，可是，还能怎样呢？

心中若被掏空的棉絮，晃晃悠悠，酒不醉人人自醉，出沈园，步履不禁有些踉跄。

转朱阁，游长廊，廊间的风铃奏出悦耳的音乐。风铃的轻音唤不回她的失神，本来好不容易鼓起的兴致却因刚才的意外重逢而变得悲欣交集。

离开吧，刚才发生的事都不过是一场幻梦。携着赵士程的手，准备出园。然而，转头看见那一面写满了悲伤之词的墙壁。

心中不禁再次涌起一股悲伤，终究，还是回不去了。

山盟虽在，锦书难托。

如今一别，未知何年何月再相逢？

还记得当初两人学张敞画眉，自己娇嗔说要他帮自己一辈子画眉；还记得当初四处游园，说是要执子之手与子偕老；还记得看别家小儿牙牙学语，两人互相逗弄说以后要生一双儿女，天天守着他们幸福到老。

强压着心中无限的悲痛，提笔和道：

> 世情薄，人情恶，
>
> 雨送黄昏花易落。
>
> 晓风干，泪痕残。
>
> 欲笺心事，独语斜阑。
>
> 难！难！难！

　　人成各，今非昨，

　　病魂常似秋千索。

　　角声寒，夜阑珊。

　　怕人寻问，咽泪装欢。

　　瞒！瞒！瞒！①

　　眼睁睁看他消失在自己眼前，心中千言万语道不得。还记得当初的山盟海誓，还记得当初的携手言欢，还记得当初深情凝眸。

　　而如今，仿佛一切都已是过往，彻底画上了句号。往昔的日子里常常觉得分别的日子只是一场梦境，唯有午夜梦醒之时枕边的泪痕才会将自己唤回现实。

　　冷冷的黑夜中，一个人孤单醒来，未知这茫茫夜色中有谁可以给予安慰。或许是当初的誓言太过完美，才会留下这样刻骨铭心的相思。

　　柳色如烟絮如雪，春风乍起，吹皱一池春水。

　　明明是喜人的春意，到了自己眼中，却仿佛是碧云天，黄叶地，满地黄花堆积的肃杀。

　　竟是这般决绝无奈，连个离开的背影都不肯留下。

　　无计留君住，终究是连执手相看泪眼的机会都不曾有。

　　那黄滕酒，对你我来说，都是忘情水吧。你且喝下，然后笔墨天下，成就你的梦想，忘了这段情意；我也可以安心随了赵士程——这个极好极好的人，然后彼此相忘于江湖，安稳一生罢了。

---

① 唐琬所和的《钗头凤》已佚，这首《钗头凤》怀疑是后人根据片段补全的。

### 青梅竹马爱不得

> 妾发初覆额，折花门前剧。
>
> 郎骑竹马来，绕床弄青梅。
>
> 同居长干里，两小无嫌猜。①

唐琬，字惠仙，自小生得温婉秀气，善解人意。

虽然适逢金人南侵，兵荒马乱，然而这逃奔生涯中，唐琬陆游两家交往密切。眼看着两家孩子情投意合，家长们也乐得欢喜，都认为这是璧人一双，等到适婚年纪，陆家便用彩礼信物和唐家亲上加亲，结了这门婚事。②

> 十四为君妇，羞颜未尝开。
>
> 低头向暗壁，千唤不一回。
>
> 十五始展眉，愿同尘与灰。③

新婚燕尔的两人是幸福的，陆游才情洋溢，唐琬聪颖多情，花前月下，吟诗作对，伉俪和谐，真真是羡煞旁人。

---

① 出自李白《长干行》。

② 关于陆游唐琬是否是表兄妹关系，尚有疑问。根据刘克庄《后村诗话》，现比较倾向于认为陆游的姨母瀛国夫人唐氏乃吴越王钱俶的后人钱忱的嫡妻、宋仁宗第十女秦鲁国大长公主的儿媳，而陆游原配夫人唐氏的后夫赵士程乃秦鲁国大长公主的侄孙，故而陆游和唐琬没有亲戚关系，反而是陆游和赵士程有亲戚关系。

③ 出自李白《长干行》。

　　童话故事的结局永远都是王子和公主幸福地生活在了一起，可是生活在一起之后呢？

　　人生没有休止符，不会在最美好的时候轻易按下中止键。

　　或许每个人的幸福都是有定额的，如果透支得太多，美梦醒来的时间就会很短。

　　莎翁说："爱和炭相同，烧起来，得设法叫它冷却。让它任意着，那就要把一颗心烧焦。"

　　太过相爱，太过在意彼此，舍不得片刻的分离。

　　不知今夕何夕，恨浮生太短，欢愉太少，仿佛每天的快乐都还不够似的，花间品茗，月下赏花，池旁对弈，对着他的每一秒仿佛都看不够，他的笑意，他的眸子，他的话语，执子之手，与子偕老，便是如此吧。

　　"愿得一心人，白首不相离。"①

　　此生何其幸运，可以和相爱的人相伴一生。

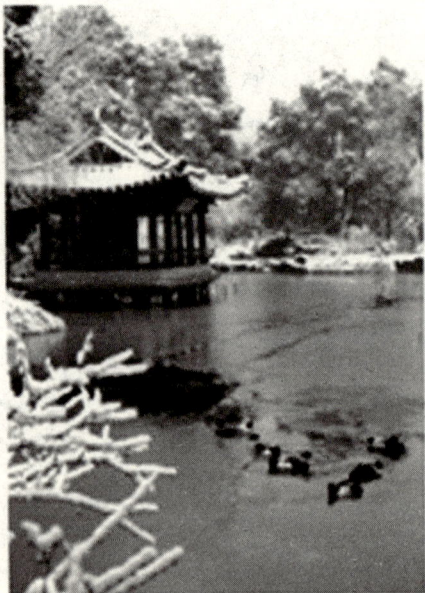

沈园一隅

寻寻觅觅，寻寻觅觅，谁会恰好在生命中那个点不紧不慢地正巧遇

---

　　①　出自西汉卓文君《白头吟》。

上了呢？

君子如玉，如琢如磨。我希望，心中的良人会带着我们爱情的信物来到我身边，然后此生爱如桐花万里路，连朝语不息。

可惜，终究只是猜中开头，却未曾料到结局。

没多久，便开始被婆婆责备说是耽误了陆郎的前程。

陆郎倒是不以为然，只是行为如昨。而那科举功课，功名利禄，早被他抛到了九霄云外。

其实，自己又何尝不知道呢？婆婆嫌弃自己，一方面是因为怕自己耽误了陆郎的前途，另一方面也是因为自己过门这么久了，肚子却未见得一点反应。

不孝有三，无后为大。无所出自然是婆婆所不能接受的，哪管自己是不是她的外甥女。

本以为这样的情况只要等到陆郎高中，自己生下一个儿子便能解决。然而，此时的相公只是荫补登仕郎，进了入仕为官的第一步，接下来还要继续参加临安的"锁厅试"以及礼部会试；而自己依旧是连半个儿女也未曾诞下。

眼看着跟婆婆的关系越发紧张起来，仿佛暂无转圜的余地。

婆婆梦见秦观而生下相公，便为相公以秦观之名为字，以秦观之字为名。[①] 由此可见，婆婆是个专制而强硬的女人，她对相公寄予了极高的期望。

---

① 出自叶绍翁《四朝闻见录》"陆放翁"条记述陆游"名游，字当从观（平声），至今谓观（去声）。盖母氏梦秦少游而生公，故以秦名为字而字其名。或曰公慕少游者也。"不过在陆游其他友人以及亲属记载中未见此轶事，想来是叶绍翁编排的而已。

该来的终于还是躲不过。这天,婆婆听说郊外无量庵中的尼姑算卜很灵验,便兴冲冲地去庵里请她们帮忙算自己和相公的命运。

然而最后的结果居然是:"唐琬与陆游八字不合,先是予以误导,终必性命难保。"

还记得婆婆回来时,脸色惨白,看到自己就像撞见了灾星一样。见相公拉着自己的手,顿时怒气冲天,一把拽过相公,强令他写下休书,否则就要和自己同归于尽。

### 孔雀鸣鸣东南飞

这么一句话,当时听来无异于晴天霹雳,惊愕的是不知所措的两个人。婆婆却仿佛是早有准备一般,将自己平日的点滴过失一一细数。

学不会端庄贤良好模样,不会嘘寒问暖应酬话,更未能诞下一男半女,这天真率性的模样在婆婆眼里婚前是天性可爱,婚后却是恣意妄为。

而心中的良人陆游,偷偷瞧他,虽是和自己一样悲痛万分,然而仿佛对母亲并未多加反驳。

早就明白在相公心中母亲是第一位的,他自小便对母亲孝顺有加。然而习惯了对他的依赖,却没料到当打击到来之时,现实中的彼此这么弱小不堪。

母命难为,陆游只得答应把唐琬送回娘家。

然而如此浓厚的情意怎么能就这样轻易分开呢?陆游便背着

母亲安置别院，一有机会便去和唐琬相会，两人欢好如初。

姜还是老的辣，这对小年轻太过低估陆母，纸怎可能包得住火？震怒之后陆母强令儿子将唐琬送回娘家。同时，为了彻底断绝两人的往来，更为陆游另娶了一位恭顺老实的女人王氏为妻，而唐家无奈之下也将唐琬嫁给了赵士程。

此后在母亲的监督之下，陆游只能埋头苦读，沉浸在书海经学世界中，苦读三年，只身离开家乡山阴，去往临安参加"锁厅试"。两人之间便彻底断绝了往来，情思万缕，却被无情斩断。

不是没想过像那刘兰芝焦仲卿一般举身赴清池，自挂东南枝。只是，舍不得身边的亲人。纵是被硬生生拆散，心中有怨，有悲，然而身体发肤受之父母，又怎敢轻易悔弃？

> 泛彼柏舟，在彼中河。
>
> 髧彼两髦，实维我仪。
>
> 之死矢靡它。
>
> 母也天只！不谅人只！①

就这样分别吧，将所有感情都隐藏起来，为他人活下去。不想用生命去逼迫他验证爱情的决绝和唯一，因为太过了解他的理想，太过明白他的才情，既然不能相伴到老，那么就好好活下去吧。

就这样，嫁给了赵士程。赵家门庭显赫，是皇家后裔，而赵士程又是极为宽厚之人，对自己有着充分的理解和宽慰。

这些年，他对自己的好一点一点不是没有看见，不是故意装作

---

① 出自《诗经·鄘风·柏舟》。

淡漠,只是有的时候人的心若装载了一个人,便容纳不下另一个人了。如若早逢着的人是赵士程,那么一切都会不同吧。

金庸在《白马啸西风》中写道:"那都是很好很好的,可是我偏不喜欢。"

感情的事往往便是如此,谁能说的出最佳方案呢?

都说时间是治疗一切伤痕的最佳良药,随着时间的流逝,刻意忘怀那段甜蜜而心酸的往事,唐琬的心开始渐渐平复,对赵士程也开始从心中重新接纳。

一切本该是尘归尘,情归情,一切回归平静。只是,为何这时候他偏偏要像那投入湖中的石子,又回来激起自己心中的漪澜?


### 千里心牵魂梦断

沈园再会,曾经被尘封的记忆,那想念过的曾经,一幕幕层层叠叠浮现在自己眼前,叫人不能呼吸,平静不下来。

如若是在睡梦中,那么就不要再醒过来好了,梦里无数次出现的朦胧身影如今突显眼前,却反而手足无措。

心中有千言万语,却有口难言。

想问问他是否忘了,忘记了当初许下过多少次的诺言;问问他是否还记得这曾经恩爱而不能割舍的缘分;问问他这么多年未见到自己,今日一见心中是否还有心动?

这些年过得还好吗?

这么多年没有相伴在他的身边,没有了共同的记忆,那么这份感情还像当初一样深厚吗？梦中曾千百次呼唤，然而在心中除了徒留下莫名的牵挂还剩下什么？

为他布置饮食，准备他喜爱的点心，那些曾经熟悉的画面，如今却变得陌生起来。三月的风本该是暖暖的，但拂过自己的面庞却是如此寒冷，带走了自己身上残存的暖意。

日子本来是如水般平淡度过，而一天天没有什么特别的日子，又仿佛是在期待着今日的重逢。然而，重逢了又怎样呢？这未完的遗憾也不能继续。不能离开，自己身边有着疼爱自己的丈夫赵士程在等着自己一道回家，几年前没有决定就此携手相逃，几年后更是不可能。

他的"莫！莫！莫！"，当中的悔恨她如何不知，可是，这么些年，他又是否懂得她夜夜难眠的心情？靠着"瞒！瞒！瞒！"度过的日子也是那般痛苦。

飞鸟掠过，将自己的思绪一下子拉到好远。那记忆中最不堪的一幕又呈现在自己眼前。

记得婆婆当初破门而入大发雷霆的样子，与之相应的，是自己的惶恐，和相公瞬间苍白的脸色。

今昔对比，忽地觉得一阵眩晕加胸闷，早早拉了赵士程离开，生怕多待一会儿便会窒息。

然而，回了家，终究还是病倒了。

放不下心中的执念，那断不了的思念像一团纠结的线在心中纠缠。

转眼春去秋来，然而身上的疾病却没有丝毫好转的迹象。罢了，兴许这是唐琬一心求死的结果吧。

花开花谢,落叶纷纷,只是,什么时候又是赏花的季节呢？时光如此美好,可惜相逢相聚无来日。

桃花落,闲池阁,唐琬终究还是郁郁而终。

## 城上斜阳画角哀

此时的陆游已经离了家乡,唐琬早逝的消息他全然不知。虽经历了初试的挫折,但秦桧一死,他此后的仕途算是春风得意,由于文才颇受新登基的宋孝宗的称赏,故而被赐进士出身,并一直做到宝华阁待制。

然而,在仕途中并非一直是一帆风顺,有的时候仅仅是有个官衔,却毫无实权,一腔抱负无处施展;有时候一个不小心,一句"一树梅花一放翁"便是得罪君王,遭到贬谪。

局势的动荡,仕途的颠沛流离,陆游一次次怀念和唐琬在一起的日子,那些无忧无虑安稳幸福的时光。在他留下的大量诗作中,除了有许多反映忧国忧民思想的诗词,更有表达对唐琬思念的诗词。

先是写就"沈园怀旧"诗:

其一

梦断香消四十年,沈园柳老不飞绵;

此身行作稽山土,犹吊遗踪一怅然。

其二

城上斜阳画角哀,沈园无复旧池台;

伤心桥下春波绿,疑是惊鸿照影来。

沈园几经易主，他来去匆匆，不敢靠近，不敢期望，怕触碰到心中不能愈合的伤口。

不能相见，不忍相逢，只能将满腔的抱负都付与这收复河山的宏图大志。然而，这样充实忙碌没有丝毫闲暇是否真的可以忘记那段少年情事？

也许，只是深深藏在心中。那无尽而刻骨铭心的思念，只能流连于笔墨之间。之后他又赋有"梦游沈园"诗：

### 其一

路近城南已怕行，沈家园里更伤情；

香穿客袖梅花在，绿蘸寺桥春水生。

### 其二

城南小陌又逢春，只见梅花不见人；

玉骨久沉泉下土，墨痕犹锁壁间尘。

浪迹天涯越远，她的面庞越发淡去，然而在心中的形象和记忆却变得更加美好起来，成为心中永远不可触摸的朱砂痣。

沈家园里花如锦，半是当年识放翁；

也信美人终作土，不堪幽梦太匆匆。

陆游告老还乡后一次又一次来到沈园，85岁写下这首诗，不久便郁郁而终。横跨几十年的一段感情，便就此画上句号。

幼时读陆游的《示儿》，敬佩于这样一位爱国诗人，临终之际仍念念不忘收复祖国河山。而后读及沈园相会，伉俪离散，只剩下一片叹息。

唐琬的郁郁而终，是对感情的绝望。赵士程对她不是不好，只是有的时候曾经沧海难为水,人生晚了那么一步,也许,剩下的便步步是错。

而转过头来看另一个女人,那位隐藏在陆游和陆母之间的王氏呢?恐怕也比唐琬好不了多少。

她为陆游生下七八个孩子,然而,作为诗词作品在有宋一朝最多产的诗人,放翁的诗词中却没有一首是写给她的。那么她之于他而言,到底是什么?

或许,从一进门她便明白,穷其一生,她都无法走进眼前这个人的心。那么她所能做的,只能是生下她和他的孩子,守着孩子们寂寞到老。

感情的事永远没有绝对的对错,有的只是相逢时间的早晚而已。早一步是错,晚一步也是错,正好赶上那才是正好。

诚如《2046》的台词:"其实爱情是有时间性的,认识得太早或太晚都是不行的,如果我在另一个时间或空间认识她,这个结局也许会不一样。"

像王氏,从来未曾打算介入那相爱的两个人中间,然而命运作弄,她却要夜夜守着他所厌弃的闺房,静静地等待着他的归来。

她和他相伴到老,但他终生念念不忘的还是那沈园红酥手。

谁也不是胜者,谁也不能轻易给谁天荒地老,如是而已。

# 诗得山花插满头

## ——宋代第一侠女严蕊

不是爱风尘，似被前缘误。花落花开自有时，总赖东君主。

去也终须去，住又如何住？若得山花插满头，莫问奴归处！

——严蕊《卜算子》

严蕊（南宋，生卒年不详）：天台营妓，表字幼芳，琴棋书画精通，有才名。

　　擅诗词，为当时天台太守唐与正所赏识。后因唐与正与朱熹观念不和，朱熹上奏诬陷其与唐与正有"私荐枕席"之罪。

　　严蕊遭严刑拷打仍拒不招认，其义气为时人所钦佩。此后审讯官员换为岳飞之子岳霖，感念其侠义之心，令其作词一首表述心迹。严蕊当即口占一首《卜算子》，岳霖同情其遭遇，欣赏其才华，下令恢复其庶民身份。后归于一宗室子弟，安度一生。

　　朱熹的诬陷成了"秀才争闲气"，唐与正也多为人所遗忘。而严蕊则成了有名的侠女，为世人所称颂。

## 皑皑筋骨苦受刑

炉火呲呲地烧着,火舌贪婪地舔舐着牢中的黑暗,忽明忽暗的火光映着牢中女子憔悴的脸。

那是怎样的一张脸啊! 即使是经过一番严刑拷打,这张脸依然是那般充满傲气。

曾记得那花容月貌,自是天台营中翘楚;曾记得那纤纤楚腰,不拘盈握;曾记得那盈盈玉手,灵巧鲜活。然而,如今却如同那暴雨后的桃花,徒留一地碎红;又像那撕裂的锦缎,只剩下华美的碎片。

"哗——"一桶水泼在她的身上,血水顺着身体里下来,滴落在地上,被泥土吸干,只留下一片暗褐色的斑痕。水珠溅在火炉上,嗤嗤作响。公堂之上遭裸身鞭打的一番羞辱,加上这冷水的刺激,使她在昏迷中渐渐清醒。身上的冷汗与血水都混在了一块儿,污水顺着发丝滴下,这气息奄奄的女子眼中却泛着坚定而决绝的神采,让这黑暗的牢房都不禁增添了几许光明。

如此已近乎个把月,关押在这潮湿阴暗的监牢中,想来这女子如若不命丧于此,恐怕也会落得个终身残疾。

狱卒不知是被她的坚毅所打动,起了善心,还是想利诱她,好向上面交差,便好言相劝道:"上面的人加你刑罚,不过是要你招认,你何不早招认了? 这罪也是有分限的。想你这等营妓身份,纵然是犯淫,极重不过是杖罪,况且已经杖责过了,罪无重科。何苦舍着身子，熬这等苦楚？究竟那唐太守与你怎生的好处，唬得你这般眼巴巴受刑丧命？"

却见那女子缓了缓气，抬起头一字一顿地说道："身为贱伎，纵是与太守为好，料然不倒得死罪，招认了，有何大害？但天下事，真则是真，假则是假，岂可自惜微躯，信口妄言，以污士大夫！今日宁可置我死地，要我诬人，断然不成的！"

纵然是日夜受刑，然而此刻的她却音调铿锵有力，掷地有声，若金石相击。

想当初，聂政刺侠累，为了不将祸沿至姐姐，便在事成之后，自毁容貌自尽而亡。而聂荣，为了不埋没弟弟的一番行侠之举，不顾生死之危，毅然赶赴，悲恸认尸，最终也自尽于弟弟尸体旁。不可谓不是义侠之举。①

后世，冼夫人在参与平定侯景叛乱中结识后来的陈朝先主陈霸先，并认定他是平定乱世之人。公元 511 年，冼太夫人巾帼不让须眉，协助陈霸先擒杀李迁仕。此后更是历经梁、陈、隋三朝约八十年，其军事、政法活动横跨南越十余州。对当时岭南地区的稳定和发展做出了卓越的贡献。这种顾全大局的韬略，又有多少人能做到？

明末，清军攻占浙江，葛嫩娘和丈夫孙克显誓死抗战。然最终寡不敌众，葛嫩娘被捕后，深知自己已没有了重新奋战的希望，便狠心咬断自己的舌头，满口鲜血喷向敌人。这份义勇之心，有多少人能比得上？

---

① 聂政事迹见《史记·刺客列传》。

而细看这女子，不论如何拷打，始终是不肯做那诬陷他人之事，不能不令人感慨。

## 诗词相交为相知

这女子原是天台营妓，唤作严蕊，表字幼芳，乃是个琴棋书画、歌舞管弦无所不通的绝色女子。

书上说她善能作诗词，多自家新造句子，深得词人推服。此外又博晓古今故事，行事最有意气，待人常是真心。

这样的女子，在古代的风月小说中，没有不是花魁的。所以这严蕊是没一个书生文人不对她失魂落魄的。四方闻名，甚至更有倾慕她的少年子弟，学元稹相会薛涛，不远千里，直到台州来求一面之缘。正是：十年不识君王面，始信婵娟解误人。

此时台州太守乃是唐与正，字仲友，少年高才，风流文彩。宋时的法度真是吊诡得很，允许官府酒宴召歌妓承应，然而却只能站着歌唱送酒，不许私侍寝席。就好比说见了漫山遍野色彩绚烂的花朵，能嗅，能摸，就是不能采摘。

这唐与正与严蕊虽说是诗词唱和，但于官箴所拘束，两人倒不敢胡为。若逢良辰佳节，或宾客席上，必定召来严蕊侑酒。

一日，正值红白桃花盛开，娇花吐蕊，仲友置酒赏玩，严蕊少不得来供应。饮酒中间，仲友或是想以诗助兴，或是想一抬严蕊之名，效仿那韦皋捧薛涛，既知她善于词咏，便以红白桃花为题，命赋小词。

不消半炷香,严蕊应声成一阕,词云:

> 道是梨花不是,道是杏花不是。
>
> 白白与红红,别是东风情味。
>
> 曾记,曾记,人在武陵微醉。

——词寄《如梦令》

严蕊此词用词简单,然三言两句便将桃花的形象刻画得淋漓尽致。末尾又用了陶潜桃花源的典故,颇有春日微醺之感。

因此,等严蕊吟罢,呈上唐与正之后,唐与正看毕是大喜,连连赞叹,顺道赏了严蕊两匹缣帛。

如此而已,两人常于酒宴间吟诗唱词,轻谑为乐,倒是件风雅之事。

这份交情,倒颇似当年的鱼幼薇和温飞卿。鱼幼薇素有诗童之名,五岁能背诵数百首著名诗章,七岁开始学习作诗,十一二岁时,她的习作已传出平康里,在整个长安文人中传颂开来。

而当时的怪才温庭筠听说之后,怀着好奇的心理,前来一访,并以"江边柳"三字为题,让其即兴赋诗一首。

不多时,幼薇以手托腮,略作沉思,便在一张花笺上飞快地写下一首诗:

> 翠色连荒岸,烟姿入远楼;影铺春水面,花落钓人头。
>
> 根老藏鱼窟,枝底系客舟;萧萧风雨夜,惊梦复添愁。

——鱼玄机《江边柳》

银笺彩缕,笔墨在纸间游走,温庭筠大为惊叹,反复吟读着诗句,更让人佩服的是,这首诗无论是遣词用语、平仄音韵,还是意境诗情,都属难得一见的上乘之作。这样一首诗短时内出自一名小小的女童之手,更是令人惊叹不已。

自此,温庭筠自愿为鱼幼薇之师,对她悉心教导,多加指点。

而这严蕊和唐与正,也是时常饮酒赋诗,言谈甚欢。

### 池边游鱼却受陷

花开两朵,各表一枝。话说这唐与正在台州打击豪强奸恶,很有政绩,然而他也得罪了一些人,其中包括朱熹和台州副任通判高炳如。

朱熹,就是那位打着理学旗号声称要"存天理灭人欲"的大儒。唐仲友一直反对朱熹儒学道学的理论,然而风水轮流转,年年换一家。后来朱熹官拜浙东提举,台州正在他巡视之内。

有宋一代,提举权力很大,随时可以罢免官吏。历史上,小人行动永远都比君子来得快,这边朱熹人马尚未到,高炳如已在前路迎候。

鲁迅说,"一见短袖子,立刻想到白胳膊,立刻想到全裸体,立刻想到生殖器,立刻想到性交,立刻想到杂交,立刻想到私生子。中国人的想象惟在这一层能够如此跃进"。①

高炳如也是如此,夸大和捏造了严蕊和唐仲友的许多事情,说严蕊仅着内衣,服侍唐与正洗澡擦身,甚至公然与他同居,实属大

---

① 出自鲁迅《而已集·小杂感》。

逆不道。一个堂堂太守,竟和一个下贱的营妓胡闹。

这正是瞌睡人逢着好枕头,朱熹正愁抓不到把柄报复唐仲友,听到这一小道消息,便不分青红皂白,连绯闻的来源都未调查清楚,便控告唐仲友和严蕊有私情。

为此,他向皇上连上了六道表章,同时命唐仲友交出州印,按章程办事,接下来就是发签捕人,传拿严蕊,从正午一直审到半夜。

这便发生了文章一开始所描绘的场面。

然而饶是朱晦庵见惯了大风大浪耿介之人,也未曾想到要从区区一介女妓身上逼取口供会这么难。

他把严蕊关在狱中一个月。即使是再三拷打,严蕊也依然是没有说一句涉及唐仲友的言词。失去耐心的朱熹把严蕊转绍兴府,令太守严刑逼供。太守对严蕊朝打夜骂,严蕊依然不肯屈招。

严蕊性格刚烈,随你朝打暮骂,也只是说:"循分供唱,吟诗侑酒是有的,曾无一毫他事。"受尽了苦楚,监禁了月余,到底只是这句话。

晦庵也没她奈何,只得糊涂做了"不合蛊惑上官",狠毒将她痛杖了一顿,发去绍兴,另加勘问。然而又一面先具本参奏,大略道:唐某不伏讲学,罔知圣贤道理,却诋臣为不识字;居官不存政体,亵昵娼流。鞫得奸情,再行复奏,取进止。等因。

### 一腔傲骨谁能驯

明话本里面说这事惊动了孝宗皇帝,孝宗找来宰相王淮论断。

正巧这王宰相是唐仲友的同乡,早前唐仲友奏了一封弹劾朱熹的文书,托他交与孝宗。

因而王淮说了一句:"此乃秀才争闲气耳。"孝宗也道不过是上下不和,地方不便,可两下平调了。他每遇此类情况,便如此结事。

如此唐仲友官爵倒是安然无事,只可怜这边严蕊吃了许多苦楚。唐仲友无事后,她还得另行去绍兴听问。

说什么他赏她,懂她,与她吟诗作对,到头来不过只是把她当作酒宴上一时消遣的女子。就好比那珍馐美味中的点缀,他和旁人言笑晏晏,偶尔回过头夹起一块竹笋,看到瓷盘边点缀的萝卜花雕工精细,禁不住夸了两句。

严蕊吃尽苦头,仍保持耿介之躯之时,早已脱身安然的唐太守却早已是无踪无影,继续做他的自在逍遥官老爷去了。说不定又是觥筹交错,和诸多容貌俱佳、才艺兼备的女子对月吟诗,叹人生无限,风花雪月一场梦。

万一不幸,严蕊因此而枉死,吃不准哪天一个秋风萧瑟,正是感伤怀旧的好时机,唐太守负手而立,留下一个落寞的背影,叹息一声这个曾对他有情有义的女子。而她当初所有的风骨和勇气,此时都只变成了他笔下的一抹清香。

而他身后,是一群所谓的官场上的文人雅客,他们只会跟着写几首庸俗的红颜易逝佳人难寻的和诗,而旁边的几个营妓也只能端着酒杯说声太守好心肠,那严蕊姐姐也不枉白白去了。

于是感慨完后,唐仲友不过又是回过头来,大家继续欢畅依旧,喧闹如常。

至于严蕊的一缕香魂，早已被抛到九霄云外。

正如《史记》中写到的信陵君窃符救赵一样。侯生为信陵君出主意，让他向如姬求情，请她帮忙盗取虎符。

如姬为报公子当初为父报仇的大恩，便舍身犯险为信陵公子盗得虎符，从而解得赵国之困。

然而之后呢？如姬的命运如何？太史公没有做任何的说明。

太史公有的时候也有些女性歧视的思想，《项羽本纪》中，关于虞姬的结局没有任何提点。而根据其他书籍，我们得知虞姬应该是霸王四面楚歌之际，为了不拖累项羽，也为了不让自己像个猎物一样被那些肮脏的手争来夺去，自刎而亡。《史记·项羽本纪》中，项羽慷慨悲歌：

> 时不利兮骓不逝，
>
> 骓不利兮可奈何，
>
> 虞兮虞兮奈若何！

此后众将士歌数行，泪下。可以推测，虞姬应该就是在这期间自尽。

而如姬的结局呢？

有的书上说她最后情义两难全，于是在自己父亲坟前自尽而亡；有的说她被打入冷宫，孤独终老；《东周列国志》上说因为信陵君和魏王和好，如姬也算是有功之人，便从冷宫中被接出，安享荣华。

可是事实呢？

即使是魏安僖王最宠爱的妃子有如何？难道他真能爱美人不爱江山？所有的天荒地老爱情故事，在权势的面前都变得不堪一击。更何况是魏安僖王早就有怀疑信陵君有篡位之心,如此前提下,如姬还敢替他盗取虎符,无疑是往枪口上撞。

《东周列国志》说得好:

> 魏王畏敌诚非勇,公子捐生亦可嗤。
>
> 食客三千无一用,侯生奇计仗如姬。

没有了如姬,信陵君营救赵国便少了最关键的一环。而如姬的结局,必然是除了被打入冷宫便是处死。

然而,如姬却义无反顾地去做了。过了几百年后,一个名叫严蕊的女子也作出了同样的抉择。

每个人的生命都只有一次。我们每时每刻都面临着各种各样的抉择。对严蕊来说,其实只要她一个点头,一个应声,这些非人的折磨都可以免去,她也可以继续做她花枝招展的交际花,更何况当初他未有情她也未有意。即使是招认了所谓的"罪行",也是互不相欠。

唐仲友怕也没有料想到严蕊是如此刚毅的品性,铁打的傲骨。他当是自知上面有同乡王淮帮他顶着,即使怪罪下来,也不过是他和朱熹各执一词而已,皇帝也怪不到谁头上。那么他这顶官帽子也依然是照戴不误。

即使说这边严蕊诬陷他,受难的兔子般咬他一口,对他也无甚大碍。

然而严蕊却硬生生扛下这份情义,在瑰丽的南宋胭脂史上留下了一抹惊艳的色彩。

128

### 此生归去不知处

这边严蕊是吃了无限的折磨，才得以放出来，早已是气息奄奄，几番欲死。昔日的玉手纤纤，早已红肿不堪；凝脂之肤，却是疤痕累累。

因为严蕊死不肯招认唐仲友一事，四方之人更是看重她的义气。而那些少年崇尚气节之人，向来是以侠义为重。自此后，认得之人有替她说好话的，不认识的有要来识她面的。更何况这风月场中之人自然与道学看不对眼，得知此事，没一个不骂朱熹此事做得忒不地道。

严蕊受此一难，门前热闹却更胜昨。除了旧识，还有慕名而来的文人雅客豪侠之士。

正值太守换任，交替的是岳霖，字商卿，乃是岳飞的第三子。

到任之时，众营妓前来拜贺。

岳霖问：“严蕊是哪位？”

严蕊上前应声，不卑不亢。

岳商卿抬眼一看，但见她在这一班女子之中，犹如鸡群内野鹤独立，却是容颜憔悴。但她的双目有神，整个人恍若红日映照。

岳商卿早听说过严蕊和朱熹的是非，再加上他自己也曾受过挫折，便甚觉其可怜。

本是有心相救，岳商卿便道：“闻你长于词翰，你把自家心事，做成一词诉我，我自有主意。"

严蕊领命，应声口占《卜算子》道：

> 不是爱风尘，似被前缘误。花落花开自有时，总赖东君主。
>
> 去也终须去，住又如何住？若得山花插满头，莫问奴归处！

好一个"莫问奴归处"！

只怕是经此一事，严蕊也厌倦这迎来送往，虚以委蛇的生活了，"莫问"听来倍添伤感。

岳商卿听罢，大加称赏道："你从良之意决矣。此是好事，我当为你做主。"立刻取伎籍来，除了严蕊的名字，判与从良。

严蕊自当是叩头谢了，出得门去。

从此是人面不知何处去，徒留桃花笑春风。未知这有情有义的奇女子究竟是与谁归？

也有人说，众人得知此说的，千斤市聘，争来求讨，只是严蕊多不从他。恰好此时有一宗室近属子弟，丧了正配，悲哀过切。家中宾客们恐他伤其心性，便拉他到妓馆散心。

但说着别处多不肯去，直等说到严蕊家里，才肯同来。严蕊见此人满面戚容，问知为苦丧偶之故，晓得他是个有情之人。那宗室也慕严蕊大名，饮酒中间，彼此喜乐，因而留住。

彼此你有情，我有意，倾心来往多时，便纳了严蕊为妾。严蕊也愿意一心跟随他，遂成了终身结果。

虽然没做到夫人，然而这位宗室自从得了严蕊之后，深为得意，竟不续婚。自此画眉恩爱，男女并蒂，立了妇名，竟胜过世间无数夫妻，也算是严蕊立心正直之报。

### 姑言妄之姑听之

严蕊的故事倒是讲完了,听来荡气回肠,令人感叹不已。

历史上的严蕊也实有其人的,然而故事的是非曲直却令人跌破眼镜。

关于严蕊受刑这段,我们先来看看第一手资料,即《朱文正公(即朱熹)全集》,其中收录了朱熹参劾唐与正的六个折子。其中提到了严蕊的事迹,在奏折中还摘引了严蕊在台州和绍兴两地司理院受审时的口供。

从其中,我们可以看到,当时的事实是另一番故事。因为天灾,皇帝请朱熹出山做浙东赈灾和恢复农业生产的提举使,他在巡察途中,遇到台州(即天台)外逃的灾民,向他倾诉唐太守的劣绩,他才赶到台州查办唐与正,向朝廷上奏本要罢唐的官。他参唐与正不法的事很多,有刻剥百姓、搜括民财、贪污公库、受赃枉法、生活腐化等,不过这都是当时官场的通病,唐与正也并不比别的官坏多少,加上他和朝中宰相是姻亲,所以朱熹连上六本也告不倒唐与正,最后这个迂老夫子急眼要辞官,皇帝要照顾他的面子,也不过把唐与正平调到别处做官而已。

由此可见,史实的真相跟我们前面看到的完全是陷害人与被陷害人角色颠倒了。朱熹反倒成了告不倒朝中权贵的正直之人。

而另一方面,则是关于严蕊。事实上,她确实是唐仲友最为宠爱的官妓,经常出入于唐的内宅,甚至是和别的官妓一起侍侯唐仲友洗澡。这个洗澡就多了许多猫腻，比如《红楼梦》中晴雯打趣茜雪时便说碧痕曾在房内侍候宝玉洗澡，一洗便是两三个时辰，连枕席上都被水淹了。此外，严蕊在受审时也供认和唐与正有过多次"逾滥"之举。

不过这种"逾滥"之举是以唐仲友的承诺为前提保证的。严蕊和唐仲友来往之时，唐仲友本是有心要收其作妾，便用太守的职权准许她脱籍，让她到外地去住。其实这办法钻律法的空子倒是让人无找茬的机会，后来吴伟业本来也有机会这样做，以和卞玉京长相厮守，不过由于吴伟业的百般推脱只能作罢。

但世事无常，没想到唐与正很快便要升任江西提刑使了，他一方面想长期将严蕊留在身边，另一方面又怕到时候严蕊真的脱了乐籍，就飞鸟归林，不跟他去江西，到头来自己只落得个人名两头空。

一番权衡后，唐仲友打了打自己的小算盘，准备先不给严蕊在妓乐司衙门正式办脱籍手续，想等到自己走马上任之际再来解决这件事情。

然而这样一来，就不是钻司法空子的问题了，因为严蕊在没办正式手续的情况下，贸然以台州官奴的身份到外地居住，算是自动脱离了妓乐司衙门，是应当按"逃亡律"加以治罪判刑的。即使说是事出有因，那么最轻也得按"浮浪罪"判个"杖八十"。

因此，在朱熹的六封奏折中，参他唐与正的不法之事之一便是滥用职权，私放官妓。

这才有了后面的将严蕊直接从黄岩捉回台州，连审问这一关都不用经过，便先杖罪。朱熹此举不过是依法办事罢了。

不过因为严蕊算是唐与正所宠爱之人，寻常人捉回来也就睁一只眼闭一只眼了，偏偏遇上朱熹较真，在台州调查唐案时真上棍子杖刑了严蕊，说到底，也只是想借机来打击唐与正的势力。

那么这件史事又如何演绎成了我们现在所看到的故事呢？或者说上面是朱熹的单方面证据，并不能完全揭露真相。

那么，我们就得找到另一个关于这件事的记载，这便是洪迈的《夷坚志》。南宋时记载这件事最早的笔记小说是洪迈的《夷坚志》，可以说是除朱熹的笔录之外最接近于事实的记载：

> 台州官妓严蕊，尤有才思而通书，究达今古。唐与正为守，颇属目。朱元晦提举浙东，按部发其事，捕严蕊下狱，杖其背，犹以为伍佰行杖轻。复押至会稽，再论决。蕊堕酷刑，而系乐籍如故。岳商卿霖提点刑狱，因疏决至台，蕊陈状乞自便。岳令作词，应声口占云："不是爱风尘，似被前身误，花落花开自在时，总是东君主。去也终须去，住也如何住，若得山花插满头，莫问奴归处。"岳即判从良。

而书中除了严蕊的事迹，还连着记载了另一名吴秀才女的故事：

> 湖州吴秀才女，慧而能诗词，貌美而贫，为富民所据。或投郡诉其奸情，王龟龄为太守。逮系司理狱，既伏罪，且受徒刑。郡僚相与诣理院狱观之，乃具酒，引使至席，风格倾一座。遂命脱枷待饮，谕之曰："知汝能长句，宜以一章自咏，当宛转白侍制为汝解脱，不然危矣。"女即请题，时冬末雪消，春日且至，命道此景作《长相思》，提笔立成，曰："烟霏霏，雨霏霏，雪向梅

花枝上堆,春从何处回。醉眼开,睡眼开,疏影横斜安在哉,从教塞管催。"诸客赏叹,为之尽欢。明日以告王公,言其冤。王淳直不疑人欺,亟使释放。其后无人肯礼娶,周介卿石之子买以为妾,名曰淑姬。

可以看出,这当中朱熹只是"按部发其事",并未出自陷害唐与正的动机,而后来流传的关于严蕊的故事,也应是上面的记载和吴秀才女的合集。此外,这首"莫问奴归处"的《卜算子》词,据严蕊受审时交代,乃是唐仲友的一个亲戚高宣教替她做的,不过此时拿来,倒确实是应景应情。

然而,最终的结果是朱熹终究没有告倒唐与正,不久后也就辞官回山里教书了,唐与正调任后倒也没有流出什么别的坏名声来,因而这故事便流传出各种离奇的范本来。

王国维也在《人间词话》中说:

> 宋人小说,多不足信。如《雪舟脞语》谓:台州知府唐仲友眷官妓严蕊奴。朱晦庵系治之。及晦庵移去,提刑岳霖行部至台,蕊乞自便。岳问曰:"去将安归?"蕊赋《卜算子》词云:"住也如何住"云云。案此词系仲友戚高宣教作,使蕊歌以侑觞者,见朱子"纠唐仲友奏牍"。则《齐东野语》所纪朱唐公案,恐亦未可信也。

朱熹一根筋的举动,在种种演绎里,最后成了"秀才争闲气",严蕊则成了耿介义妓。

整件事里,严蕊确实是挨了两顿毒打,但当时的重点不是严蕊受审不招供从而引起了轰动,而是当时曾引得很多人挤到司理院大堂前去参观。

古代法律规定妇女上庭挨打，都得裸了下体趴在冰冷的地面受刑，也可以说是对女性的歧视之一。

这件事中牵连到的是一代大儒朱熹和当时的才女严蕊，大儒罚才女裸身受刑这样轰动的话题，自然是成了不胫而走的谈资，故而才演化出种种不同的故事版本。

此后，等到南宋晚期的周密写《齐东野语》时，他记录的从"天台故家"听来的故事，已经和《二刻拍案惊奇》中的差不多了，严蕊的侠女形象算是最终树立了起来。

而截至《二刻拍案惊奇》，则又增添了许多戏说成分，按照话本的演绎，其中增添了为官妓赎身从而引起的争风吃醋，乃至陈同父充当了诬陷者加告密者，等等。

然而，云淡风轻，重重线装书的掩映下，当时的真实情形又有多少人说得清呢？

我倒情愿她只是《二刻拍案惊奇》中的那个任侠豪情的奇女子，那样真是叫多少须眉汗颜。

# 岂独伤心是小青

## ——明末第一怨女冯小青

小山重叠金明灭，鬓云欲度香腮雪。懒起画蛾眉，弄妆梳洗迟。

照花前后镜，花面交相映。新帖绣罗襦，双双金鹧鸪。

——温庭筠《菩萨蛮》

冯小青(明,生卒年不详):字玄玄,广陵人。貌美,好读书,解音律,善弈棋。

其父广陵太守冯紫澜,字凌波。后因家门遭祸,小青十三岁(或云十六岁)嫁武林(今杭州)人冯千秋为妾。

遭正室夫人妒嫉、凌虐,囚之于孤山佛舍。小青无事,辄临池自照,喜与影语,絮絮如问答,人见即止。故其诗有"瘦影自临春水照,卿须怜我我怜卿"之句。

十八岁时抑郁成疾,日饮梨汁少许,奄奄待尽。召画师为己画像,更换再三乃得。以梨酒供之榻前,连呼:"小青!小青!"一恸而绝,葬于孤山。

因其顾影自怜之举,有学者称其为"镜像之恋"。又因其命运不幸,诗歌中有"岂独伤心是小青"之句而被称为明末第一怨女。

### 瘦影自临春水照

临花照水，轻倚池畔的树枝，但见水中照映出自己的影子，瘦削的身姿映照着小青倍加憔悴的脸，这世界上怕是没有人可以依靠了吧。

形单影只，这世界仿佛只剩下了自己一个这样被所有人抛弃的人，所有的孤单如暗夜里的潮水般，好像要将自己完全吞没。

纤纤柔荑，轻拂水面，漾起层层涟漪，搅碎了池中那抹清瘦的倩影。那"拂墙花影动，疑是玉人来"①的崔莺莺，终究是随了张生待月西厢画眉一世；那千里迢迢魂梦追随的张倩女，终究是明媒正娶相夫教子安稳一生②；那唱着"良辰美景奈何天，赏心乐事谁家院"③的杜丽娘终究是寻到了疼爱她的柳梦梅。

而自己呢，冯小青，枉为他人称赞，最终却落得个青春凋零，踽踽一人的局面。

"小青呵小青，怕你这一世是生错的。"手执团扇，无限酸楚。

团扇，团扇，美人并来遮面。玉颜憔悴三年，谁复商量管

---

① 出自唐元稹《会真记》。

② 出自郑光祖的《倩女离魂》。张倩女与王文举系指腹为婚，王文举长大后，应试途经张家，欲申旧约。倩女的母亲嫌文举功名未就，不许二人成婚。文举无奈，只得独自上京应试。倩女忧思成疾，卧病在床，她的魂灵悠然离体，追赶文举，一同赴京，相伴多年。文举状元及第，衣锦还乡，携倩女回到张家。当众人疑虑之际，倩女魂魄与病躯重合为一，遂欢宴成婚。

③ 出自明汤显祖《牡丹亭》。

弦。弦管,弦管,春草昭阳路断。①

原来自己在冯生心中不过只是一把秋扇而已,一切到头来不过是幻梦一场。"弃捐箧笥中,恩情中道绝"②,原来如此。

"小青呵小青,既然没有人会记得你,没有人会恋着你,那么就让我自己来爱你好了。"伸手入水中,仿佛是想抚平那漾起了层层漪轮的水面,"这般憔悴的容颜,究竟是为了何人所致?"

落落寡欢,病快快的小青,时常独自一人到屋子附近的水池边逗留,对着水中的倒影絮絮叨叨,并非是想不开,只是想看看自己的倒影,自我安慰一番罢了。

这一日,见窗外阳光明媚,久病缠身卧床多日的小青忽地来了几分精神,有些喜意地对身边仅有的老仆女说:"立即去请一位高明的画师来为我画像,不惜多少金!"

画师请来了,只见小青万分珍重地仔细化了妆,抹上面霜;施上粉黛,细心描好柳叶眉;打上胭脂腮红,遮盖掉久病缠身的愁容。

踟蹰又徘徊,在衣衫前挑挑选选,最终换上了最喜欢也是最好的一件衣衫,然后静静端坐在梅花树下,请画师为自己画像。

画师按照小青的吩咐,画了两天,终于完成了小青倚梅图。然而,小青拿到这幅自己的画像,端详了好久,却掩不住心底的失望,于是转身对画师说道:"这画虽然画出了我的形,却没有画出我的神韵。"

---

① 王建《调笑令》。
② 出自班婕妤的《团扇歌》:新制齐纨素,皎洁如霜雪。裁作合欢扇,团圆似明月。出入君怀袖,动摇微风发;常恐秋节至,凉飚夺炎热;弃捐箧笥中,恩情中道绝。

这画师也是个精益求精之人，便按小青所说，开始重新做画。

这次小青尽量试着不"端"着，保持自己最自然最本真的一面，十分配合。于是又花费了两日光阴，这次终于画成了一幅栩栩如生的小青图。

然而，小青还是有些不满意，盯着画中人许久，叹了口气，对画师说道："这次的画虽然是神情自然，但韵味却没有显现出来。"

于是第三次作画又开始了。这次画师吸取前两次的经验，让小青不容端坐，刻意保持某种形象。只是让小青一颦一笑，动静自然，但凭平日的行为举止为参照。

这次小青领会了画师的意图，非常配合，不再是一板正经摆着一个姿势，而是像往常一样，或翻看诗书，或临花照水，或品茗赏花。

这样一来，画师用心观察着小青的一举一动，默默记在心中，在短短的三天内，终于把握了小青的神韵，于是第四天勾勒上色，挥笔而就一幅小青倚梅图。这次，画中的小青形象生动，仿佛是小青揽镜而照一般。

小青万分满意，于是重金酬谢了画师，并专门请人将画像装裱好，然后挂在自己的床边。此后天天望着画中的自己，时不时地发呆，似乎是在跟画像中的自己进行对话，然而病却越来越重了。

这般孤单无助的小青，每日与自己的画像作伴，神情堪怜，她根据自己的这种心境写就了一首诗：

> 新妆竟与画图争，知是昭阳第几名？
> 瘦影自临春水照，卿须怜我我怜卿。

## 赏心乐事谁家院

这临水照花的冯小青，本是广陵（扬州）的世家小姐。她的祖上可以追溯到朱元璋时期，鄱阳湖大战陈友谅，平江声讨张士诚，攻取大都，平定天下，随着明太祖南征北战，才创下了这大明基业。

等到定都南京之后，冯家祖上因为立有汗马功劳，享有高官厚禄，冯家人为官小心谨慎，躲过了明太祖朱元璋蓝玉案、胡惟庸案等多次屠杀。到了冯小青父亲这一代，受封为广陵太守。

小青的童年锦衣玉食，万分美好。小青又是生得清丽秀气，聪明伶俐，父母自然是爱若明珠。

能与冯家联姻之族自然不会是什么蓬门小户，小青的母亲也是一位大家闺秀，自幼甚得诗书熏陶。

小青出生后，有着父母的疼爱，加上个人天性的聪颖，家里自然是早早为她请来教书先生，对她悉心教导，不多久，小青琴棋书画样样精通，更是让父母爱怜，希望将来能为她觅得一名如意郎君，安稳一生。

然而，到了小青十岁那一年，家中忽然来了一个化缘的老尼姑。这老尼姑倒是身着一身质朴的灰色袈裟，慈眉善目，见了小青十分欢喜，便开口对小青说道："小姐命相不凡，不如我教你一段文章，你看是否喜欢？"

小青平日里对诗词文章颇为中意，老尼姑的话自然是正中下怀，于是好奇地点了点头。

只见老尼闭目合手，口念一大段《心经》。念完之后，老尼睁开眼，期待地看着小青。

小青明白，这是想考自己，不服输的孩子气儿上来，于是也学老尼一样闭了眼，完全把刚才老尼念的佛经给复述了一遍，竟是丝毫无差。

此时却仿佛是穿越到了《红楼梦》，或者说后来曹公写黛玉①借鉴了小青的经历。

听小青一字不漏地念完《心经》，老尼先是满脸的惊诧，然后是一脸的惋惜之色，她轻轻地摇了摇头，口诵一声"阿弥陀佛"，然后转身对小青母亲郑重说道："此女早慧，然而命中福薄，愿乞作弟子。"

冯家将小青疼得捧上了天，冯母怎可能将心头肉割舍？自然是坚决不答应。

再者，冯母出身世家，冯家更是过着繁花似锦的生活，即使是小青再怎么福薄，凭借自己家中的条件，小青的人生也不会悲惨到什么地步。而这老尼仅凭一面之缘就断定小青命薄，说不定是故弄玄虚，故而冯母送走了化缘的老尼，对老尼的话也是不以为意。

老尼的话也许是因为小青天资聪颖，如若识文断字，那么年纪轻轻便会培养心思敏感的性格。小青此时过着的是衣食不愁的日子，但心性敏感，如若就此一生，恐怕会和杜丽娘林黛玉一般寿夭；而如若家中突遭变故，只怕是宛如风中飘絮，任意凋零。

---

① 详见《红楼梦》第三回《贾雨村夤缘复旧职，林黛玉抛父进京都》。

而小青的母亲并未想到这一层,还是一如既往地调教女儿。随着年龄的增长,小青的才情也不断增加,她好诗词,擅长音律,精通棋艺。


## 初合双鬟学画眉

真真是像戏文里面唱的,天有不测风云,人有旦夕祸福。本是风平浪静的大明王朝却事故陡生。建文四年,燕王朱棣借"靖难"的名义,打着"清君侧"的旗号夺了建文帝的皇位,建文帝生死不明。

朱棣沿路攻打至南京,途中有宁国公主的驸马梅殷的劝降书发来;朱棣夺得天下之后,梅殷也表示不降。故而朱棣借口请驸马进宫叙旧,在路上派人将其推入河中淹死。

他夺了侄子的皇位,在所谓的要除去的乱臣黄子澄等人自尽后仍不顾天下悠悠之口攻占南京,因一句话而激怒他的方孝孺被诛十族,连写过一纸劝降书的妹夫也不肯放过,如此心狠手辣之人,怎能指望他能放过曾在南京城外独挡过他的冯小青的父亲?

荣登大宝之后,朱棣迫不急待地大开杀戒,为自己的朝廷大换血。冯小青之父自然是难逃杀戮名单,甚至是被株连全族。

当时冯小青正巧陪着一位远方亲戚杨夫人外出,故而幸免于难。一阵慌乱中,小青跟着杨夫人逃到了杭州,藏匿起来。

在杭州城里,小青举目无亲,只好寄居到和她父亲有过些许交情的一户人家。

生活发生了天翻地覆的变化,仓促间小青还未来得及思考究竟是怎样一回事,只能是随波逐流,暗自垂泪。

从小相伴的疼爱自己的父母双双辞世,曾经留恋的扬州山水都成了眼前的武林(今天的杭州)景色,那些无忧无虑的欢乐岁月也都成了过往,豆蔻年华,一切仿佛都只是繁华一梦,想不明白,也不敢去想。

茕茕孑立,仿佛是每天一闭眼就看到了全家被抄家的那一幕,脑海中呈现的,全是一片鲜血的海洋,家中的亲眷现在也都成了乱石岗的一座座孤坟,分外凄凉。

拿起檀木梳,绾上自己的缕缕青丝,还记得母亲当年笑着打趣自己,说出嫁那天要亲自为自己梳头,看着自己幸福出嫁,甜甜美美地生活。

而如今,言犹在耳,世界上最疼爱自己的人却已经去了。

生活还要继续,一方面是寄人篱下,一方面是天上地下的转换,小青一直沉浸在悲痛伤感之中。

这时候有位冯公子对她颇为怜爱,有着照顾小青的心思,令小青倍感温暖,今不如昔,小青便跟了这位冯公子,做了他的妾侍。

冯家家大业大,冯公子又是精通文墨的儒商,对于心思细腻却又楚楚可人的小青自然是照顾有加。

名分不算什么,只要能再有一个温暖的家便是最幸福的事了。小青不断自我安慰着,希望可以就这样平淡一生。

### 共谁裁剪入新诗

只可惜王子和公主幸福地生活在了一起这样美满的结局永远只会在童话故事中出现,小青做了冯生的如夫人,就曾经的太守千金身份而言,已算是颇为委屈。

好在还有冯生三天两头的宽慰,再加上冯生的妻子崔氏尚未诞下一男半女,小青这些天的生活还算是温暖。

然而这不过是小青多舛的命运中短暂的美好。冯生的妻子崔氏不是省油的灯,当初之所以能赞同冯生迎小青进门,不过是碍于"不孝有三,无后为大"的训导,即使十分不情愿,也无可奈何,而对小青的恨意就此更加重了一层。

等到新婚蜜月一过完,崔氏料到丈夫的新鲜劲儿也已过去一大半,想来也不会像往昔那般与小青朝夕相守,于是便开始向小青发难。先是对冯生的行动进行严格的约束,让他跟小青的见面机会越发减少。继而,又开始对小青的生活挑三拣四。

小青口味清淡,不太习惯冯家油腻的餐饮,冯生疼爱小青,故而特意吩咐厨子烧些合小青口味的小菜。然而这被崔氏发现了,大发雷霆,指桑骂槐地斥责厨子:"冯家有大鱼大肉,谁让你烧这些个没有油腥的菜,是想让人家觉得我们冯家已经没落了,还是存心想丢我们冯家的面子?从今以后不许再烧!"说完,一发狠,便把那做好的小菜给倒入了泔水桶中。

本以为是否极泰来,劫难过尽,没承想这才是磨难的开始。

　　小青在冯府受尽欺凌,越是受辱,便越发自己怜爱起自己。眼看着是风光旖旎的西子湖畔,春有桃红柳绿,夏有田田青莲,而小青的心中却四季如冬,再无阳光的照耀。

　　崔氏虽待小青万般刻薄,然而在外人面前还是做足了一家之母的样子。这日去天竺寺上香,便带着小青前去。

　　小青怎敢不从,只得唯唯诺诺跟随在其后。到了寺中,崔氏悠悠然问小青:"西方佛祖佛法无边,乃是遗世独立的贤明之士,这是为何?"

　　小青不知崔氏所指,只能是应声作答:"因为心怀慈悲罢了。"

　　这时,崔氏却笑了起来,这笑容在小青看来颇为心惊胆寒,带着几许轻狂:"我也是心怀慈悲啊。"

　　说罢竟将小青藏匿在这孤山佛舍之中,令一个女尼监视着她。

### 满院落花帘不卷

　　冯生受制于崔氏,便鲜有机会来寺中看望和陪伴小青,更何况这佛门之地,来来往往,多有不便。

　　那不常有的见面,彼此片刻的相会,小青总觉得是一个梦,自己仿佛是一个溺水之人,迫切地想要抓住一丝依靠,哪怕是一根稻草也可以。

　　家中突然的变故,让小青本来敏感的心变得对诸事缺乏安全感,而冯生每次的到来,都仿佛将她从一场噩梦中唤醒。故而小青变得更加依赖冯生。

然而由于不常见面，加之小青身心俱损，人渐渐憔悴下来，冯生的感情也慢慢冷却了下来。

又一个月过去，冯生没有来几次。小青渐渐茶饭不思，人变得病恹恹的。倒在病榻之上，小青怀抱琵琶，一遍又一遍地弹着自己写的《天仙子》：

> 文姬远嫁昭君塞，小青又续风流债；也亏一阵墨昙风，火轮下，抽身快，单单零零清凉界。

> 原不是鸳鸯一派，休算作相思一概；自思自解自商量，心可在，魂可在，著衫又执双裙带。

小青这边是魂梦相依，然而冯生那边却是情缘已淡，她的苦楚，她的敏感，她的忧伤，他全都不知，或者说全都顾不上。

这番情意终究是如飞蛾扑火，徒留下一片灰烬。

人生最无奈的莫过未得到和已失去，而这两者相比较，已失去比之未得到更胜一成。未得到，可以将这份憧憬无限放大，而已失去，是只能去怀念，靠着记忆去完善细节中的美好。

没有了冯生的陪伴，小青又回到了那份孤寂的生活中，有着新婚那段日子的美好映衬，此时的孤寂显得分外难耐。

枯坐屋中，小青只好靠写诗词来排遣忧情。心中的抑郁在诗词中一览无余：

### 其一

> 垂帘只愁好景少，卷帘又怕风缭绕；
> 帘卷帘垂底事难，不情不绪谁能晓！

### 其二

雪意阁云云不流，旧云正压新云头；

来颠颠笔落窗外，松岚秀处当我楼。

诗中有着对崔氏欺压的哭诉，有着对现实无力改变的无奈。不料，这份诗稿竟落到了崔氏手里，崔氏也算通晓文墨，故而家中又是一番鸡飞狗跳。

崔氏更是乘机发泄，哭诉自己被小青给夺了势头，捶胸顿足，好像她才是最大的受害者。

由此，崔氏逼迫冯生彻底和小青断绝联系，否则自己便要寻死觅活。眼看着崔氏一哭二闹三上吊，泼辣蛮横，丢尽了自家的颜面，另一方面又迫于崔家是冯家的世交，也算是杭州城里有名的富商，两相权衡，冯生和小青算是缘散于此。

此后小青只能是独居佛舍，每日观景伤怀。小青的住处靠近当年林和靖隐居的地方，虽是物是人非，但这里还有着一大片梅林。每日朝霞满天，花木翠郁，可小青的一颗心却再无波澜，只剩下和这山水一般的寂静。

看着这满山的红梅，人世变幻，如白云苍狗，小青不禁感时伤怀，写下一首首自述的诗句：

### 其一

春衫血泪点轻纱，吹入林逋处士家；

岭上梅花三百树，一时应变杜鹃花。

### 其二

冷雨幽窗不可听，挑灯闲看牡丹亭；

人间亦有痴如我，岂独伤心是小青。

### 其三

乡心不畏两峰高，昨夜慈亲入梦遥；

说是浙江潮有信，浙潮争似广陵潮。

这满山的梅花，一时落尽，冬去春又来，只换上了满山的杜鹃花。杜鹃啼血点点红，恰如小青此时的心境。她开始明白杜宇血泪化杜鹃的感受，继续思念她的父母，想念着曾经无忧无虑的美好时光。

### 芳草断烟南浦路

离开了冯生的小青，只能每日独自洒泪，一腔落寞无处诉说，只得流于笔端。

渐渐地，小青变得越发沉默寡言，经常临水自照，仿佛是在与影子说话，絮絮叨叨，自问自答，然而见到有人来却突然停止了，故而小青的诗句中才会有"瘦影自临春水照，卿须怜我我怜卿"之语。

支如增的《小青传》中对此描写道："她时时喜与影语，斜阳花际，烟空水清，辄临池自照，絮絮如问答。女奴窥之即止，但见眉痕惨然。"

小青这样的做法不过是自我安慰罢了。她太过脆弱，当外界给不了她任何安全感之时,她只能顾影自怜,以期能让自己坚强一些。这又不同于西方因过分自恋而化作了水仙花的纳西索斯,小青的临水照花不是自恋,而是自怜。

后世有学者,如潘光旦先生曾说小青此举是性压抑的缘故。其实未必,小青临水照花,临终托画师为自己画像,三易其稿,只是因为对自己的容颜和这如花的青春不舍的缘故,更是对自己不幸命运的自怜罢了。

小青心思敏感,独自生活后更是郁郁寡欢,因而病情不断加重。以至于到了后来竟至绝食,每日只是饮少许的梨汁度日。

画像画好后,画中人巧笑嫣然,而画外的小青却是身形俱损,日渐虚弱。或许是已经预料到了自己的死亡,小青含恨写下:

> 稽首慈云大士前,莫生西土莫生先;
> 愿为一滴杨枝水,洒作人间并蒂莲。

愿大士慈悲为怀,遍洒甘露,普度众生,使天下有情人都成了眷属。这是小青最后的期盼,也是对来生的祈祷。如若自己幸福无望,那么就让自己化作那一滴可以圆满天下一对有情人的杨汁甘露吧,以这小爱来成全天下大爱。

然而即使是重病缠身,冯生也未曾来看过她一面,小青不禁心如死灰。随着身体的日渐消瘦,小青一直拒绝服药,或许是她认为此生太过艰辛,她不想再承担这份苦难,只求此生耗尽,来世有望化作甘露度人。

许是料到自己时日无多,便如同那后来的黛玉焚稿断痴情一般,这日一早,身体已极度虚弱的小青,把一封"诀别书"交给老尼,让她转交给自己唯一的亲戚杨夫人，并把自己的几卷诗稿包好，让老尼寻机送给冯家大少爷。

等到一切交代完毕，小青这才竭力打起精神，薰香沐浴，对自己的画像拜了两拜，终究是禁不住哀恸大哭，然而哭声渐小，最终气绝而亡，却是应了老尼姑当年的预言。

### 不随黄叶舞秋风

小青用情至深，当初从冯府离开，可以说是羁鸟出笼，乐得逍遥自在，不用那般没尊严没自由地活着。然而小青却看不开，只能是越发地依恋冯生。

冯生离开小青后，杨夫人曾劝小青改嫁他人。芳华正好，容颜俱佳，何愁找不到好夫婿？

然而小青却未听从。小青施施然道："宁做霜中兰，不做风中絮。"自此安安静静在庵中孤寂度日。

小青被冯生抛弃，独居庵堂之中，完全可以像唐朝的鱼玄机一般"艳旗高张"，过着自由颓废的生活。

而小青并没有，她只是守着自己的美梦，凄楚度日。小青不肯另嫁他人，不完全是因为惦记冯生，更重要的是挂念着自己的感情。她是在为自己付出的感情默默而无望地等待着。

有的时候我们在悠悠岁月中苦苦等待，等到自己都成了光阴中凋谢的桃花，却仍然舍不得回头，不完全是因为舍不得心中的那个人，更多的，是舍不下这样一段感情。

总是单纯地相信,只要有付出,那么总会有回报。只可惜牛顿力学在感情上,不过是一个不及格的理论。太过执著,太过笃信,不懂得放手,只能自己画地为牢,将一颗心也生生萎谢掉。

秋风萧瑟,小青终究还是没有等到乌云散去,天空微霁,小青就这样带着一腔幽怨离开了。

而冯生听到了小青的死讯,念及这个自己曾疼过爱过的女子,不顾崔氏的阻拦,马不停蹄地赶到了小青的住处。

冯生抱着小青的遗体大放悲声,嘶声喊着:"我负卿! 我负卿!"然而佳人已逝,徒增伤感罢了。

整理小青遗物时,冯生找到了小青生前的三幅画像,于是连同老尼转交给他的诗稿带回家中,珍藏起来。

不料几天后却被崔氏发现,这还得了。好不容易等到那么个狐狸精死了,冯生心中居然还念念不忘,一气之下崔氏将小青的遗物全部扔入火中。

冯生惊慌失措,奋力抢救,却只能是勉强抢出些零散的诗稿。

杨夫人受了小青生前的托付,多方搜罗她的诗稿,这才将其结集刊刻传世,并根据这段曲折将其命名为《小青焚余集》。

小青葬在西湖小孤山旁,与西泠桥畔的苏小小墓遥遥相对。小青曾有"杯酒自浇苏小墓,可知妾是意中人"这样的诗句,如若她当初豁达如小小,是否仍会有如此花颜零落的结局?

小青一生都在寻求温暖和安稳,仅仅是一句问候和几句软语便足以让她开心和满足。然而有的时候愿望愈低,反而愈不能实现。小青的生命犹如那枝头绽放的花朵,但尚未开到荼靡花事了,却遭暴风雨摧毁,试看那暴雨后的枝头,只剩下花萼的痕迹。

小青最大的悲哀便是将所有的幸福都寄望在他人身上,她害怕孤单,害怕被抛弃,害怕身陷孤立无援的境地,她甚至是可以爱上自己的影像,因为她认为她的影像可以给她幸福。

然而,人生最大的幸福应该靠自己去争取。没有谁能永远相伴身边陪你走完生命的前程,前半生有父母的陪伴,后半生有爱人的相知,而能贯穿整个生命线的,只能是你自己。

能见证也能给予自己幸福的人,只能是我们自己。

常有女子在告别一段感情时,哭得梨花带雨,仿佛是天塌地陷。可是,如若连镜中的那个自己也只是这样整日以泪洗面,人生怎能快乐和幸福?

每个人都是自己的造物主,你的心,你的行为,才能规划出你自己的人生走向。

谪仙李白说"弃我去者,昨日之日不可留;乱我心者,今日之日多烦忧"①,如是而已。

---

① 出自唐李白《宣州谢朓楼饯别校书叔云》。

# 看小小双卿，袅袅无聊

## ——清代第一女词人贺双卿

寸寸微云，丝丝残照，有无明灭难消。正断魂魂断，闪闪摇摇。望望山山水水，人去去，隐隐迢迢。从今后，酸酸楚楚，只似今宵。

青遥，问天不应，看小小双卿，袅袅无聊。更见谁谁见，谁痛花娇？谁望欢欢喜喜，偷素粉，写写描描？谁还管，生生死死，暮暮朝朝？

——贺双卿《凤凰台上忆吹箫（送韩西）》

贺双卿(清,约 1715—1735 年):江苏金坛人氏,初名卿卿,一名庄青,字秋碧,为家中第二个女儿,故名双卿。

　　天资聪颖,灵慧超人,自学成才。后嫁与贫苦樵民周大旺家,饱受丈夫和婆婆的虐待,悲苦而死。

　　后其好友史震林搜集其遗留残稿,整理著成纪实笔记《西青散记》一册。

　　贺双卿文采卓绝,被称为"清代第一女词人",同纳兰性德匹敌。

　　后人哀其命运之不幸,怜其文采之罕见。

## 风动花落佳人逝

都说自古美人如名将，不许人间到白头。然而，那些命薄如纸的红颜呢？本是韶华正好，更有着才华做点缀，生命却如灼灼桃花从枝头坠落，徒留下一地残红，纵使是后人再怎么叹惋其早逝，世界之损失，然而，于她们自身，又能挽回什么呢？

即便是"堪怜咏絮才"①的才女黛玉，最终仍旧是逃不过"玉带林中挂"②的命运。对照来看，那清代最出色的女诗人贺双卿，亦是如此。

她虚弱地躺在病榻上，这些日子以来，眼见着自己的身体是一日不如一日，已无回还的余地，向来对自己爱理不理的丈夫和婆婆对自己的冷漠一日胜过一日，甚至是连一饭一水都要靠自己自给自足。

"咳、咳。"浑身上下没有一丝力气，可是还是想喝一口水，身子仿佛早就不是自己的了，连起身拿碗的精神都没有了，只能是急速地咳嗽。

因为疟疾的发作，身上不时地忽寒忽热，瘦弱的身躯有些瑟瑟，然而只能是痛苦地蜷成一团，用那早就遍布老茧的双手抱紧了自己。

都说多年媳妇熬成婆，可是眼前这女子才不过二十岁上下，她的生命却仿佛已经是面临着终结。透过窗棂，她望向屋外，着实是

---

①② 出自《红楼梦》第五回《游幻境指迷十二钗，饮仙醪曲演红楼梦》。

舍不得,这世上,还有那么多的风景没有来得及去看,还有那么多诗词歌赋没来得及去写,难道真的只能是花落人亡两不知了吗?

头脑在一点点地失去意识,慢慢地,她的身体仿佛是开始变得轻盈起来,眼前反而开始呈现出温暖的明亮,而母亲的样子在眼前也变得越发清晰起来。

转眼间,眼前又呈现出一派青山绿水的模样。"瞻云,云悠悠而行;观水,水洋洋而流。草茸茸而生,树矗矗而立。天地之物皆似能安然遂其性也。"①好美的景色,让人不禁想就此赋诗一首,如若是能在此终老,真真是王孙不愿归了。

至此,这女子枯槁的面容再次展露出一丝微笑,仿佛看到了幸福的光晕,只是,却再没有了气息。

黛玉死时,"惟有竹梢风动,月影移墙,好不凄凉冷淡!"②反观贺双卿亦是如此。

这位中国文学史上最具有天赋的女词人,就这样在贫病交加、无依无靠中凄苦地离开人世,带着她无限的文采和无尽的绝望,宛若早逝的流星。

### 🌸 腹有诗书气自华

都说投胎是个技术活,然而贺双卿却出生在了常州丹阳的一

---

① 选自幸田露伴的《苦境》。
② 出自《红楼梦》第九十七回《林黛玉焚稿断痴情,薛宝钗出闺成大礼》。

户农家。古代女子无才便是德，那些世家小姐才有机会家中聘有先生教授书本，在这样一种整体社会环境下，贺双卿能成为一代才女是极为不容易的。

书香世家的女性纵使有接受教育的权利，她们的种种才学也都还是被压制的。像《牡丹亭》中杜丽娘他父亲杜宝给她请的私塾先生，就只会教她"关关雎鸠，在河之洲"①是讲的后妃之德；《红楼梦》中黛玉初入贾府，贾母一句"读的是什么书，不过是认得两个字，不是睁眼的瞎子罢了！"一方面只是谦逊探春等人的才情，另一方面也可以看出她不喜欢太有才情的女子。

贺双卿虽然身在农家，不过所幸处在常州这么个文风兴盛的地方，还是耳濡目染培养了自己的文学造诣。

据记载，她的舅父是乡间的私塾先生（或私塾的杂役），这样便为贺双卿提供了一个可以接近文字的契机——她时常去私塾偷听先生讲课，故而能识文断字。

慢慢地，贺双卿的才气便显露出来，在这种半自学的状态下，她早已学会了吟诗作赋，可见她的天赋之高。

然而，古代女子才情俱佳，只是为妇德做一抹点缀，家中诸人还不是一样指望她能嫁一户好人家，安安分分过日子，相夫教子，了此一生。倘若是身为男儿身，或者进京赶考，搏个功名光宗耀祖；或者以梅为妻以鹤为子，闲情雅致吟诗作对过隐士才子的生活。

生在小户人家，贺双卿这点文学爱好不过只能是闺中小女儿

---

① 出自《诗经·国风·周南·关雎》。

的一点点乐趣罢了。

这段时光或许才是她一生中最幸福的时光。她生活过得自由自在,闲暇之时看看书,作作诗词,看看院前燕子飞来飞去,戏耍池中鱼儿游来游去。或许生活清苦一点,但比起她后来的生活,根本不算什么。更何况她如此温婉懂事,家中的贫穷正是她对隐士林下生活的演绎。

仓颉造下的汉字,一笔一画,在她眼中都是神圣无比;先贤留下的诗赋,在她眼中,也是充满着生机,如同跳跃的音符,在白纸间跃动。她也提笔填词作诗,抒发心中所感,词调婉转清丽,经由她的吴侬软语念出,更是别具韵味。

此时的贺双卿,就仿佛是乡野间一朵暗暗开放的野百合,淡淡地释放着属于自己的馨香。

家里人对她这一爱好不反对也不支持,这样的生活对于安于恬淡的贺双卿而言,算是幸福的。

草木有本心,何求美人折。

小家碧玉的双卿就这样过着空谷佳人般的生活,直到待嫁之龄。


## 可怜金闺花柳质

转眼已是十八岁,早已是适婚年龄,家中自然开始为贺双卿筹备婚事。虽说贺双卿精通文墨,然而她的家庭环境决定她的家人没有什么机会可以接触识文断字的书香世家。而她的父母,纵然是疼爱她,但也只是觉得将她嫁给一户本分人家,平淡一生便是最大的福气。

就这样,秉着父母之命媒妁之言,贺双卿嫁到了邻村的周大旺家。

没承想,这样一场婚姻,对于贺双卿而言,却是终身误。

周家家境贫寒,周大旺本人更是个斗大字不识的白丁,偏偏还性格粗暴,为人庸俗,对待贺双卿非但没有怜香惜玉之心,反而动辄便拳脚相加。

贺双卿的婆婆也不是什么简单角色。她年轻守寡,独自将儿子抚养长大,对儿子灌注的爱意有多浓厚可想而知。

这位目不识丁的老妇人对贺双卿本来就没有多少好感;她只是一个乡下务实的老妇人,跟儿媳贺双卿毫无共同语言,在她看来,贺双卿的种种才情恐怕都是值得挑剔的毛病。在她眼中,讨来的儿媳妇,一是要干得来家务,做得来农活;二是要能生下大胖小子传宗接代,这才是正经事。

鲁迅的《祝福》中,祥林嫂第一任丈夫死去,婆婆便和小叔子商量着要把她给卖掉。不顾祥林嫂的挣扎和反抗,强迫她跟他拜堂成亲,由此可见这些妇女在家中的地位。

反观贺双卿,身体孱弱,又不是什么千金小姐,却做不得多少农活,又生不下个一男半女,着实叫人失望。那劳什子的吟诗作赋,又不能当饭吃,纯粹是自己给自己端着,学那什么娇滴滴的大家闺秀。

贺双卿的才情在周母眼中成了缺点,她对贺双卿的态度愈发恶劣,总是横挑鼻子竖挑眼,处处打击她。

《红楼梦》中宝玉探望晴雯之时，见到晴雯所受的病苦，想到她曾待在自己身边的美好，不禁暗自想到这分明是兰花草掉到了猪圈中。

而贺双卿的命运便是如此，家务劳动，加上丈夫和婆婆的虐待，日子越发地难过起来。

在家中，农活是非常繁重的，加上婆婆和丈夫的虐待，贺双卿每日都得做这做那，丝毫没有闲暇的时候。

由于身体孱弱，在家中还有父母的疼爱，可以尽量少地做粗活。然而到了周大旺家，夫家对她是百般刁难。

那些少年守寡独自抚养儿子长大娶亲的婆婆常常会对儿子表现出强烈的占有欲，而对儿媳有着莫大的仇视。譬如《金锁记》中的曹七巧，逼得儿媳上吊。

贺双卿如同是一株柔弱的兰花被抛弃于暴风疾雨中，受尽折磨。

婚姻最大的悲剧不是在于他人的围观和落井下石，而是本来应该坚定拉着自己手信任自己呵护自己的人撒手离开，一派隔岸观火的态度。贺双卿最大的悲伤不是婆婆对自己长期的刁难，而是本来应该承担起一家之主责任，保护自己的丈夫对自己的轻视和暴力。

而另一方面，即使是受尽折磨，婚姻不幸，贺双卿始终不肯放弃自己对诗词的爱好与执著。家中连给她提供一纸一笔的机会都没有，但只要有机会，她便拿起笔，在落叶上涂涂抹抹，写下些许诗词，抒发个人情怀。

在恶毒的丈夫和婆婆的双重折磨下，贺双卿只能把她的一腔哀怨在诗词中哭诉,而对于虐待她的丈夫和婆婆,虽说是"蘧篨戚施,种种可厌"①,但她不想,也不敢直接控诉,因为那样有违她自己的品德。

> 命如蝉翼愧轻绡,旧与邻娥一样娇;
> 阿母见儿还识否? 苦黄生面喜红绡。

饱受摧残的贺双卿想到了母亲,怀念起少女时的美好岁月,今昔对比,满眼辛酸。身心受创,仿佛是命如蝉翼,那未嫁时期娇美的模样早已不复存在,如今,临水照花,只剩下面容枯槁的女子,不知这样的自己娘亲是否还记得? 苏大学士说"纵使相逢应不识,尘满面,鬓如霜",如今的自己如若出现在母亲面前,不知她还能否认出自己?

> 冷厨烟湿障低房,爨尽梧桐谢凤凰;
> 野菜自挑寒里洗,菊花虽艳奈何霜。

埋头于厨房中,终日与油烟灰尘为伍,潮湿常年侵蚀着自己的身体;那纤纤素手,本应是拿笔研磨所用,却只能是忍着寒冷去清洗野菜。此情此景,自己纵使是那傲骨嶙峋的秋菊,怎奈霜寒凛冽,恐怕是要"致使香魂返故乡"②。不是不够坚强,实在是自己已不堪这样的折磨。

---

① "蘧篨戚施,种种可厌"原为形容朱淑真的丈夫,在此借用来形容贺双卿的丈夫。
② 出自《红楼梦》中香菱的判词,全文为"根并荷花一茎香,平生遭际实堪伤。自从两地生孤木,致使香魂返故乡"。

雪意阴晴向晚猜,床前无地可徘徊;

纵教化作孤飞凤,不到秦家弄玉台。

婚后不久,贺双卿便患上了严重的痢疾。她的病其实是可以治好的,然而她那蠢笨不堪的丈夫和恶毒有加的婆婆怎肯好心为她请来大夫治病呢? 自然是视她作灾星累赘,巴不得她自生自灭好了。

染病之初,她还能强撑着病体干活,为的是能少受点打骂,然而随着病情的加重,她只能是默默等死。

再后来,由于痢疾忽寒忽热地发作,再加上婆婆和丈夫的苛责和折磨,贺双卿更是被折磨得面黄肌瘦,故而她才会说"命如蝉翼愧轻绡",该是何等绝望。

而她那个丈夫呢,对她可以说是全无感情。也许新婚时还会为讨得一房媳妇而高兴一番,如今对于病苦不堪的贺双卿,那一点点的爱怜之心早被抛到了九霄云外。如此情况下的贺双卿,真真是形单影只的孤凤。

## 诗词相和却无路

朱淑真死后,她的《断肠词》被父母烧毁,而贺双卿的诗词通常都是用粉笔写在芦叶上,而粉容易脱落,叶又容易腐败。再者,丈夫和婆婆的虐待,贫困的家中她只能终日劳作,写作时间更是极少,故而她的作品散逸甚多。

那么这些后世流传不多的贺双卿的诗词是如何保存下来的?

是何人加以整理而成？

据《西青散记》记载，1733年的一天，在绡山耦耕书院读书的史震林和段玉函等几个文人才子偶然间见一女子手拿簸箕外出倒垃圾，空谷出佳人，这些人非常惊奇。

然而，又见到垃圾中有不少树叶，上面居然有用白粉写成的工整端丽的字迹，捡起来一看，更是对上面的诗词充满倾慕，而对于眼前的这个女人，多了几分钦佩。

文人才子最多闲，这一打听，知道了贺双卿的身世，不免多了几分同情之心。

自此，这些文人便填写诗词与贺双卿唱和，以示关心慰问。而贺双卿向来仰慕文人雅士，自然是乐得诗词相交。

然而对双卿命运同情归同情，这些人最终也不过只是隔岸观火罢了。贺双卿在家中受尽折磨，他们也不过只能是表示一点点安慰，连一点救助的心思都不曾存下。

这是自然，这帮子文人在当时的思想局限下，严守男女之大防，断不肯为了这么个乡下女子断了自己的前程。

这些人中没有思想超脱之辈，他们能做的，也仅仅是在诗词中安慰双卿几句。

就像段玉函说的："佳人失节，思之亦必自哭，不自哭者，安得闲泪哭之？"不管怎样的遇人不淑，也只能是嫁鸡随鸡嫁狗随狗。不论丈夫是如何的不堪，女子都必须为丈夫守节。而那些失节的女人，比那些遭遇婚姻不幸的女人更值得痛苦。

不单是和贺双卿交好的文人们这样想，就连贺双卿自己，也走不出自己的局限，思想上趋于绝对的保守和传统，纵使是有和史震林等人的诗词唱和,她却不如吴藻等人豁达。

那些和她投缘的文人们写诗画画,画有她的画像,请她题诗,她题完之后便马上后悔了,即刻要了回来把字给剜了去。而对于自己的诗词在文人们中流传,被外界评论,她心中更是惴惴不安,生怕以为别人认为自己不守妇道,如鱼玄机等人一样以诗词为媒行男女欢好之实。

对于贺双卿而言,在当时只有两条路可走,一是出逃,做一个中国版的出逃的娜拉;二是逆来顺受,郁郁而终。

不幸的是,贺双卿选择了第二条。

贺双卿曾说道:"田舍郎虽俗,乃能宛转相怜,何忍厌之,此生不愿识书生面矣!"

不能逃离,那么贺双卿只能是"事舅姑愈谨,邻里称其孝。夫性益暴,善承其喜怒,弗敢稍忤"。

然而,即便是如此,最终依旧是逃脱不了香消玉殒的命运,含恨而逝。

如若是走娜拉出走的路子呢?

一来,史震林对她是非常的同情,但即便是存着帮助她之心,恐怕实施起来也未必那么容易。一男一女是非多,帮人终归是要帮到底,史震林能帮她跳出周大旺这个火坑,能跳得出其他火坑吗?如若史震林对她有男女之情,把她娶回家,如何与家中妻儿相处?而且史震林这种传统思想未必在心中不会有"佳人失节"的芥蒂。

二来,如若是逃出这穷乡僻壤,没有任何经济基础,贺双卿如何过活?或许可以隐姓埋名,投奔寺庙。但当时对佛教道观政策上有一定的压制措施，贺双卿恐怕是不能常伴青灯古佛。若是不愿隐姓埋名，但又怕被丈夫抓回去，恐怕只能是像鲁迅写的《娜拉走后》的分析一样沦落青楼。

无可奈何，却又无能无力。

其实，在贺双卿的身上有一种古希腊人物的宿命悲剧色彩。她明明知道最终自己的命运是继续走向悲剧，却还是不得不坚持走下去，亦如推石上山的西西弗斯和甘受苍鹰啄食的普罗米修斯。

## 应忘却天涯憔悴

从农妇到才女，或者说以才女之躯被虐待致死，她的诗词生平却不像那些《名媛传》中的女子一样只留下一个匆匆的背影，还有一部记载她的故事和诗词的《西青散记》传世，这不能不归功于当时对她欣赏有加的史震林。

史震林乃进士出身，除了诗词小品文擅长，更是善画兰竹树石，为人又是性情孤介。在贺双卿当时所处的文坛环境中，算得上是一位林下之士。他还曾向友人表达过自己的"人生大愿"："载异书，携美人，登名山，遍采歌咏以为一代风雅。"

由此观之，他对于贺双卿想来是仅有文字交情和极度的同情心理。她的文采，符合了他追求风雅的趣好；她的不幸，让他有机会发挥并丰富了男子的怜香惜玉之心和文人多愁善感作词之意。

而贺双卿对于史震林呢？想来怕是有过些微的动情的。面对这么一个递来橄榄枝的温润如玉的男人，懂她，惜她，产生微妙的男女之情是理所当然的。

但贺双卿对于这种感情却是极度克制和压抑的。面对着史震林，她始终是发乎情止乎礼，未曾表白，或者说不敢表白，十分隐忍。

满腔的哀怨痛苦无处宣泄，也无人可以倾诉，贺双卿只能诉诸笔端。在她去世前不久，曾留下这样一首词给史震林：

> 终日思君泪空流，长安日远，一夜梦魂几度游。堪笑辛苦词客，也学村男村女，晨昏焚香三叩首。
>
> 求上苍保佑，天边人功名就，早谐鸾俦。应忘却天涯憔悴，他生未卜，此生已休！

可以看出，词中贺双卿对史震林是有着极为深厚的情意的。字句中有对史震林远行考取功名的祝福，也有自己思念之情的抒发。最后一句"他生未卜，今生已休"更是惊心动魄。

何等幽怨痛苦，何等卑微渺小。

不同于其他女子的约指来生一段情，再续前缘，是明知今生无望，连来世也不敢奢望。

《霍小玉》中，小玉和李益欢好时，曾发誓说：

> 妾年始十八，君才二十有二，迨君壮士之秋，犹有八岁。一生欢爱，愿毕此期。然后另选高门，以谐秦晋，亦未为晚。妾便舍弃人事，剪发披缁，凤昔之愿，于此足矣。

誓言带着看破世情后的超脱和对彼此感情的最低奢求。然而，愿望越低微，越难以实现。

反观贺双卿，连相聚相恋都不敢盼望，连爱都不敢去爱，明明是情根发芽，却隐忍不发，悲哀中更见其悲哀。

贺双卿的死，想来对史震林还是有一定触动的。因此当中举之后探望贺双卿之时得知她已病故，史震林说出"才与貌至双卿而绝，贫与病至双卿而绝"这样的话来。

正如陆小曼在徐志摩死后，心中一片悲痛，便穷尽余生，将徐志摩的作品整理出来。史震林在贺双卿死后便开始全力搜集双卿的诗词。

史震林经过不懈努力，终于以贺双卿所创作的诗词作为主线，完整地勾勒了贺双卿这样一个才情色德俱佳的悲剧女性形象。

虽然史震林做出了种种努力，但贺双卿的作品大多还是散佚了，仅流传下来的十四首词，被后人辑为《雪压轩词》。

## 唠唠絮絮情最真

也许有人说贺双卿写词不过是山野间自学成才，后人出于新奇故而拔高了她的文采。其实不然。

贺双卿写词只是为了用诗句来宣泄她心中的忧苦，她的诗句中几乎没有用典，但平白婉转中却蕴含着无限幽怨之情，没有其他文人常见的掉书袋和"为赋新词强说愁"的无病呻吟，留下的，全是一片自然清丽的哀婉之音。

后世文人对她的诗词评价颇高,一代词学家黄燮清便曾说:

> 双卿词如小儿女,哝哝絮絮,诉说家常。曲曲写来,头头是道。情真语质,直接三百篇之旨。岂非天籁,岂非奇才,乃其所遇之穷,为古才媛所未有,每诵一过,不知涕之何从也。

诚如日本的清少纳言,片段式的寥寥数语,只是想记载日常生活境况,然而《枕草子》一书却流传甚广;无独有偶,吉田兼好法师也说过:"无所事事,终日面对砚石,信笔写下浮动心中的琐事,想不到竟觉疯狂愚蠢。"而《徒然草》这样一部作品却成为世界散文经典,为文学家周作人和电影大师塔可夫斯基所推崇。而这两部作品也并称日本随笔文学的双璧,代表着日本古代随笔的最高成就。

或许没有了留名文坛的功利之心,反而回归了最本真的情感,文字仅仅用于抒发自己内心最直接的感受。故而贺双卿的词可以说是清水出芙蓉,天然去雕饰。

到了现代,推崇贺双卿的人更多。有着浓厚文人情感的郁达夫,在其长兄郁曼陀的推荐下读了《西青散记》,便写下了"逸老梧冈大有情,一枝斑管泪纵横。西青散记闲来读,独替双卿抱不平"这样的诗句。甚至打算以贺双卿为题材,写作小说《双卿记》,然而因为种种缘故未能成行。

但另一方面,却有人怀疑贺双卿的存在。比如胡适就曾经写下了《贺双卿考》,怀疑历史上贺双卿是否真实存在,甚至认为托名贺双卿所著的诗词都是史震林所作。

胡适的怀疑并无根据,史震林的心性和其诗词所呈现的情感,跟贺双卿完全没有重合的地方，《凤凰台上忆吹箫》这样叫人叹服的词作想来不会出自他手。

后苏州大学清诗词专家严迪昌教授专门写了一篇《"西青散记"与"贺双卿考"疑事辨》，以严谨翔实的考证，来批驳胡适所列举的"五点可疑之处"，"皆不足疑"。而 1997 年，南京大学清代文学专家张宏生教授、美国汉学家罗溥洛教授、天津师范大学杜芳琴教授等一行专家学者，专程到江苏金坛薛埠方山作了实地考察，取得了第一手资料和许多旁证，令人信服地论证了历史上确有贺双卿其人。

由此，专家们先后发表论文和专著证明：贺双卿不但真实存在，而且是金坛薛埠方山脚下的丹阳里人氏。此后，杜芳琴教授还先后写了《贺双卿集》和《痛菊奈何霜：双卿传》两部专著。

其实贺双卿是否是真实的并不重要，即便考证出她是丹阳里人氏又如何？《荷马史诗》作者生前流浪欧洲，死后九城争夺荷马为其国国民，前后相照，荷马流浪时的喜怒哀乐有谁懂？

双卿生前时的哀怨与折磨，有谁知晓？有谁可以分担？

晚风拂过帷裳，看那冷月如霜，寥寥落落的微星点缀在天空，并泪沾湿衣裳，浸湿单罗衫，床畔是暴虐的丈夫，身上是新添的伤痕，何处是吾乡？

将田间秋水望穿，也只能是临风叹息，一腔悲情，无处宣泄，这样一位才女，就此香消玉殒。

也许历史上真的存在着这样一个令人叹惋的才女，她所有的悲伤与痛苦，我们只能从那残存的诗稿中了解一点点。然而，若是连这薄薄的诗稿我们都未曾见到呢？那么她的悲剧是否永远也不会为人所知?

诚如几百年后的我们,等到我们逝去,百余年后,还有谁会记得我们? 那么我们是否曾在这个世界存在过恐怕也只得交给他人去考证。如若是一点点的痕迹都未曾留下,那么我们存在过的证据是否也就完全不成立? 那么我们如今的欢乐、悲伤、苦痛,或许永远都不会有人知晓。

生命的短暂与渺小,比起宇宙的恒久和浩瀚,显得那么微不足道。那么我们唯一能做的,恐怕便是不断努力留下我们存在过的痕迹。

泰戈尔说,天空不留下飞鸟的痕迹,然而那流动变化的云朵,已经证明了飞鸟翅膀掠过的划痕。

诚如贺双卿,她一生悲苦,然而她却始终未曾放弃自己心中的梦想,未曾放弃为这份梦想而努力而争取的机会。她纵使是带着无限忧伤离世,然而终究理解她,欣赏她的人越来越多,这对她而言,也算是一种安慰吧。

她善良而执著,为着心中不变的梦想而苦苦努力,如今为着梦想和生活奔波的我们,不也是如此吗?

# 聊将彩笔写良缘

## ——塑造了女驸马形象的陈端生

独行独坐，独唱独酬还独卧。伫立伤神，无奈春寒著摸人。

此情谁见，泪洗残妆无一半。愁病相仍，剔尽寒灯梦不成。

——朱淑真《减字木兰花·春怨》

陈端生(清,约 1751—1796 年):字云贞,号春田,浙江钱塘(今杭州市)人。自幼生长于书香门弟,从小就善诗文,才华绝世,著有弹词小说《再生缘》十七卷。

二十三岁嫁给淮南范秋塘,六年后其夫因罪遭贬戍新疆伊犁,心情郁结,续写《再生缘》而未完成,最终郁郁而终。

陈寅恪说:"端生之书若是,端生之才可知,在吾国文学史中,亦不多见。"《再生缘》之文,在我国自是长篇七言排律之佳诗,在外国亦与诸长篇史诗,至少同一文体。"《再生缘》和《红楼梦》并称为"南缘北梦"。

## 千里相隔不得聚

"亨衢顺境殊安乐,利锁名缰却挂牵",她不过是个生性淡泊,于名利无甚追求,安于幸福的一个小女人。

她要的,只是夫妻间的举案齐眉,只是儿女绕膝的欢乐,她贤良淑德,才名颇佳,然而她却依然不能挣脱当时社会的名缰利锁。她的丈夫不是视科举为洪水猛兽的贾宝玉,她也不会做那劝宝玉只是品味人生的林黛玉,她只是想安静地守候在丈夫身边,守护着自己小小的幸福而已。

很多女子都希望最终嫁得一位如意郎君,才貌绝佳,风度翩翩,"谦谦君子,温润如玉①"。"如切如磋,如琢如磨②",执子之手,携隐山林。

然而最终能和自己相守一生的,却未必是这样一个人。

但生命的旅程终究还是需要他人的陪伴,那位梦境中出现的如意郎君未必及得上枕边的夫君手间传来的温暖更令人感动。

幸福不是一个固定时态,它是不断变化的。未到人生终点,谁也无法预料到此后究竟会发生什么。

世间那么多如花女子,盼望的,其实都只不过是现世安稳,相伴白头而已。

---

① 出自《书剑恩仇录》。
② 出自《国风·卫风·淇奥》。

纵使是名贯江南的她，亦不例外。

她一生只写了一部长篇小说，甚至是一本还未完成的小说，然而一场祸事却仿佛是将她笔下人物的遭遇给搬到了现实中。

乾隆四十五年，她的丈夫范菼参加科考，却不幸被牵连到了一桩科场舞弊案中。

案件中，有一名叫做陈七的主犯，在乡试中，他被主考官当场抓获，并供出范菼是其同谋，此外，同场犯案的还有两个旗人弟兄。

而根据后来的考证看来，似乎这位主犯诬陷了范菼。因为陈七本身的来头便不小，当时的正式文件中都一直没有具体说明过他叫什么名字，只是以陈七这样一个排行来称呼。因此，我们可以说，范菼只是被迫陷入了一桩科考舞弊的黑幕中，充当了替罪羔羊的角色。

但既然这个陈七能随便诬陷范菼，想来背后所牵扯到的人来头更大，从而使相关的办案人员也不好深入调查，一方面想就此草草结案不愿得罪幕后的人物，另一方面也怕夜长梦多，陈七一个不小心供出了其他真正的同伙，到时候自己落得个办案不力的罪名。

然而未曾料想的是这场科考舞弊案却是乾隆年间少见的大案，陈七的被捕，导致龙颜大怒，乾隆下令严惩所抓获的七名案犯。最终的结果是主犯陈七判绞监候，其他六人则发配新疆伊犁服役。

范菼恐怕是连与陈端生告别的机会都没有，就被押解到新疆去了。当时流放到新疆或者宁古塔这些僻远地方之人，多半是九死一生，客死异乡。

恩爱夫妻强行被拆散，丈夫更是可能此生再难见一面，这对于陈端生无疑是天大的打击。

一曲惊弦弦顿绝，半轮破镜镜难圆。

失群征雁斜阳外，羁旅愁人绝塞边。

从此心伤魂杳渺，年来肠断意尤煎。

未酬夫子情难已，强抚双儿志自坚。

日坐愁城凝血泪，神飞万里阻风烟。

她不是花木兰，不是柳如是，更不是她笔下的孟丽君，她不能女扮男装去考取功名感动皇帝，从而换得夫妻团聚。

她恨自己的毫无办法，恨自己不能将丈夫从黑暗的命运中解脱出来，恨自己不能在丈夫最需要自己的时候送上一份温暖，夫妻团聚就此在心中只是一个梦罢了。

不仅丈夫与自己相隔千里生死未卜，亲友们面临这样的状况时也坚决与自己家划清关系，如同当年李清照的父亲出事后李清照公公的做法。

正如章诒和在《伶人往事》中所写的，这世上，最暖的是人心，最冷的也是人心。

诚如《聊斋志异》中得知丈夫被冤枉判死刑的辛十四娘，惊慌无助，只敢一个人在房中唉声叹气，没人可以商量，没有人施以援手，孤单，难过，像无底的黑洞一般，要将自己吞噬。

她希望上天能帮助自己渡过这难关，然而终究只是梦一场。丈夫离开，直到她去世也未能回来。只留下她一个人孤立无援地抚育着一双儿女。

然而，心中仍有一丝细微的希冀，盼望着丈夫能有朝一日与自己有相见之日，那黯然而无助的日子里，她只能保持着等待的姿势，直至最后郁郁而终。

她独倚望江楼，看尽斜晖脉脉水悠悠，只是念着"过尽千帆皆不是"，将自己生生站成了望夫石；她像那探望范喜良却不得的孟姜女，倚靠着冰冷的屋角，拥着自己的一双儿女，哭得昏天黑地。

那首著名的回文诗仿佛便是为了贴合此时的她而作：

> 儿忆父兮妻忆夫，寂寥长守夜孤灯。
>
> 迟回寄雁无音讯，久别离人阻路途。
>
> 诗韵和成难下笔，酒杯一酌怕空壶。
>
> 知心几见曾来往，水隔山遥望眼枯。

相见难，鸿雁遥寄也难，无尽的思念仿佛是一瞬间让她苍老了好几年。无尽的黑夜，或许她的心情，正如朝鲜艺妓黄真伊在诗中说的"截取冬之夜半强，春风被里屈幡仓。有灯无月朗来夕，曲曲铺舒寸寸长"。将极夜的黑暗存储起来，等到重逢之日，再将这时光层层舒展开来，以此延展相伴的岁月。

何当共剪西窗烛，本是多么美好的盼望，却不想原来义山这首诗寄到妻子身边之时，妻子已去世月余。

然而她并非是如同其他脆弱得不堪一击的女子一般，她希望能有所寄托，转移自己的哀愁。时隔多年，除了抚育儿女，她终于又拿起了笔，去继续描绘她笔下的悲喜人物。

### 假凤虚凰繁华梦

电影里，程蝶衣屡屡唱错为"我本是男儿身，不是女娇娥"，而戏台上、电视剧中却有这样一个女人，她的一生都在演绎着"我本是女娇娥,不是男儿身"的传奇。她美得如同仙子坠凡尘,她才名高超直追耶律楚材,她与兄长、丈夫,乃至父亲、公公同朝为官;她连中三元,官拜三台,最终令百官臣服,让天下须眉都心服口服地尊称一声"师长";她的美貌令皇帝的后宫惶惶不安,皇后对她更是又怕又怜,太后对她百般信任;她的才貌令皇上对她思之念之爱慕之却不得。她才情非凡,绘画一流,甚至还凭借精湛的医术击败了宫中的太医,由此颇得太后赏识。

这样一个奇女子,她实现了那个时代诸多女性内心的渴望,最终还能全身而退,这样的文章读来真是荡气回肠,叫人欲罢不能。

在家庭惨遭不幸之时,她如同淳于缇萦①一样坚强勇敢,她隐忍不发,女扮男装,最终凭借自己的才华,轻轻松松高中状元,官拜宰相,让太后信任,皇帝倚重,让百官心服口服,治国有方,四海升平。

鱼玄机在长安城下惆怅写下"自恨罗衣掩诗句,举头空羡榜中名",吴藻无奈留笔"待买个红船,载卿同去",黄崇嘏②面对身世只能是"幕府若容为坦腹,愿天速变作男儿",然而她们的这些愿望,

---

① 名医淳于意被富豪权贵罗织罪名,送京都长安受肉刑。其幼女淳于缇萦毅然随父西去京师,上书汉文帝,痛切陈述父亲廉平无罪,自己愿意身充官婢,代父受刑。文帝受到感动,宽免了淳于意,且废除了肉刑。

② 黄崇嘏:临邛(今四川邛崃)人,父亲曾在蜀中任使君,自幼受到良好教育,工诗善文,琴棋书画,无一不精。十二岁父母亡故后,家境清寒,与老保姆相依为命。成年后常女扮男装,四处游历。公元888年,因故被诬为纵火人,写诗向知州周庠辩冤,得其赏识。获释后,经周庠推举,代理司户参军一职。周庠又欲将其嫁予黄崇嘏为妻。黄无奈修书一封,表明"女身",并向周庠辞职。归乡后,守贫而终。关于黄崇嘏身世,又有其曾代兄考中状元一说,故其素有"女状元"之美称,为黄梅戏《女驸马》之原型。

都在《再生缘》这样一出弹词剧本中由孟丽君实现了。

但这样一个奇女子,却只是小说中的人物,而缔造她的那位作者,却远远没有她笔下这位女子这么好命。

她少年成名,闺阁得意,花样年华都在营造这样一个叫人沉浸其中的孟丽君梦。她笔下的孟丽君,替她,或者说替她所处的那个时代的诸多女性实现了她们想过,或者连想都不敢想的事情。

可惜,她的命运却仿佛是和孟丽君颠了个个儿:孟丽君是年少家中突遭变故,而后则是平步青云,令人艳羡;而她则是年少扬名,婚姻幸福,之后夫妻云散高唐,一生命途多舛。

未知那么多年后,饱经辛酸的她是否还会想起年少提笔之时的欢乐和惬意,是否还会遗憾未能给笔下的人物一个圆满的结局。

只是,或许这些都没那么重要了,对她而言,夫妻天各一方,亲人远离,这才是对她最大的折磨吧,亦如当年她提笔写下开篇"再生缘"三字只是为了博得母亲一笑而已。

提到孟丽君,相信大家都不陌生,然而当说到《再生缘》的作者陈端生,恐怕知晓其生平事迹的人便少了。

这样看来,她倒是和钱锺书说过的"假如你吃了一个鸡蛋觉得不错,你认为有必要去认识那只下蛋的母鸡呢"有着诡异的符合了。那么究竟是何缘故,这备受世人乃至行家赞赏的《再生缘》有着这么大的名气,而她的作者反而寂寂无名?

这便不得不说到她的生平和她所生活的环境了。

惟是此书知者久,浙江一省偏相传。

韶年戏笔殊觉笑,反胜那,沦落文章不值钱。

闺阁知音频赏玩,庭帏尊长尽开颜。

谆谆更嘱全始终,必欲使,凤友鸾交续旧弦。

一开始少女心性,涂鸦笔墨为乐,因为陈端生出身书香世家,故而每日闲暇时常与母亲妹妹讨论文字为趣,渐渐便萌生了自己写就一部小说来长期吸引母亲和妹妹的兴趣。

衣食无忧,书香熏陶,使得陈端生的创作灵感源源不绝地涌现,在北京和山东这段时间,她便很快完成了《再生缘》的前十六卷。最开始,只是打算做闺阁游戏之乐,没想到等她回到老家杭州后,这本书从闺阁中流出,竟然在江浙一带掀起了一股阅读狂潮,颇有洛阳纸贵之势。

乾隆年间虽说是有着"康乾盛世"的帽子,然而世情却大不如前了,所幸江南一带还是一如继往地富饶美丽。

杭州西湖"柳浪闻莺"陈端生故居遗址

此时的杭州,有着前朝的诸多层叠,有着乾隆下江南的刻意粉饰,那青山绿水自然是愈发美好,看那盈盈西湖,宛如当初的苏家小小般多情;那绿柳成荫,又有着林和靖般的飘逸。春有花巷可观鱼,夏有黄莺夜夜鸣唱,秋有保俶雷峰相映成趣,冬有断桥可赏雪。

踏入家门对面的"柳浪闻莺",陈端生便进入了一幅风景画中。与此同时,她的这部尚未完稿的《再生缘》不但"闺阁知音"和"庭帏尊长"争相阅读,外界诸人都催促着她继续写下去,盼望着看到最后的结局。

此时的陈端生生活惬意,正处在一个创作高峰期。

此刻的她,骄傲,而充满感激,仿佛每日里只剩下美好。

## 妙笔生成天下闻

知音爱我休催促,在下闲时定续成。

白芍霏霏将送腊,红梅灼灼欲迎春。

向阳为趁三竿日,入夜频挑一盏灯。

仆本愁人愁不已,殊非是,拈毫弄墨旧如心。

其中或有错讹处,就烦那,阅者时加斧削痕。

按理说,由于当时的社会环境,很多女性写就了文学作品都不愿流传到外界,或者是遗留于后世,就连号称风俗开放的唐朝,到了晚期的时候一些才华横溢的女诗人甚至都只是留下了一个姓氏而已。

怕流言蜚语,更怕闺名受损。而到了文字狱盛行的清朝,愿意将自己的文章供外界赏玩的恐怕也就陈端生这样的女子才做得出来。

《红楼梦》中,贾宝玉珍视大观园中诸位姐妹的文采,故而常常将她们的诗作带到贾府外向人炫耀,引来院中诸位金钗的不满和担心。陈端生非但不担心自己的文字流传在外,甚至颇引以为豪,这一点,倒是和她笔下的孟丽君有着本质的相似。

对于外界的各种赞赏,她是却之不恭,更是自信满满。她每日赏花观鱼,同母亲妹妹把玩诗词,对于自己所构思的故事,信心十足道"闲时定续成"。

她相信她的才华挥之不尽,她相信她的人生也如她笔下否极泰来的孟丽君,冬去春来,红梅灼灼芍药绽,正是彩笔写花花解语。因为读者对她的喜爱,她才敢写出如若文中有错讹处,还烦读者自行加以雕琢修改。

自信洒脱,饱受赞扬,此时的陈端生宛如生活在云间,不知忧愁。

另一方面也不能不感叹她的好运,那么多的读者,闺中好友及师长的欣赏,温柔的江南旖旎的文学风气为她的作品流传创造了一个良好的氛围。

这本是游戏之作,却受到那么多的好评,故而陈端生骨子里倔强的基因让她觉得自己有义务写下去,为了这些喜欢《再生缘》的读者们,也为了自己这份好胜之心。

如此来看,陈端生何其幸运,在其妙龄阶段便已名扬江浙,而不是和荷马一样死后名誉彰显①,或者像曹雪芹那样死后作品方获举世称赞。

———————

① 典出"九城争夺盲荷马,生前乞讨长飘零"。

"人人争唱饮水词,纳兰心事几人知",纳兰公子倍感寂寞;"开谈不说《红楼梦》,读尽诗书也枉然",然而芹溪先生生前生活却分外凄凉。

而陈端生,真真是应了张爱玲那句话,"出名要趁早"①,年华正好,容貌正盛,更拥有着大批忠实的粉丝,那么多的人争着传看《再生缘》,看这故事环环相扣,惊险迭生,猜测盼望着最终的结局。

这些对于陈端生,无疑是莫大的鼓励,也无疑是上天此时最好的礼赐。此时的她,整个人生都写满了金色的幸福。

陈家是书香世家,陈端生的祖父陈兆仑是雍正进士,著有《紫竹山房文集》,深得当时文人的推崇。而她的父亲陈玉敦也中过举人,曾担任云南、山东等地的地方官。而由于祖父和父亲的调任,她居住过许多地方,这些地域的风土人情都为她的写作积累了丰富的素材。

陈端生的祖父是一个比较开明的旧式文人,他曾写就《才女论》一文,认为女性讽"习篇章","多认典故","大启灵性",对于"治家相夫课子皆非无助",而且可使女子变得"温柔敦厚"。因此得出结论:"才也而德即寓焉。"

虽然这样的观点现在看来还是不可避免地有着一定的局限性,但放在当时的背景环境下已是难能可贵的了。家中长辈对于子孙辈往往极为疼爱,而陈端生的祖父抱着这样的开明思想,对于陈端生及其妹妹的教育则都是极大有益的。

此外,陈端生的母亲汪氏也是一位大家闺秀,其父亲汪上堉乃

---

① 出自《张爱玲全集·〈传奇〉再版序》。

是进士出身,曾先后担任云南府和大理知府的官位,对于女儿的教育自然是标准的贤妻良母模式。

因此,陈家是书卷成架,湖州笔、徽州墨、宣州纸、端州砚常备,家中人文环境宽松,陈端生自幼便受到了良好的文化熏陶,这都为她后来写作《再生缘》打下了良好的基础。

在《再生缘》中,大多数时间都生活在杭州的陈端生笔下的男女主人翁诸多活动却都发生在云南首府。想来这是因为陈端生自幼受母亲和祖父外祖父等人的影响,对云南的文化充满了兴趣,而她故事中关于云南的许多风土人情,应该都是母亲对她所讲。这本书和她母亲应是有着重要的关系。

就家庭成员而言,陈玉敦和汪氏似乎没有儿子,只有三个女儿,陈端生为长姐,庆生为次,长生最幼。然而庆生却早夭,故而陈家只有两姐妹作伴。

在父母的培育下,姐妹二人文采斐然,成为当时有名的文坛姐妹花,这倒有些类似西方文坛的勃朗特三姐妹。妹妹长生是当时文坛泰斗袁枚的"女弟子"之一,可见其文采聪颖,后来嫁给了曾担任翰林院编修的叶绍楏(琴柯),才子佳人,好不惬意,也是一段佳话。

当时袁枚曾评价说:"吾乡多闺秀,而莫盛于叶方伯佩荪家。其前后两夫人,两女公子,一儿妇(指长生),皆诗坛飞将军也。"(《随园诗话补遗》三)。

由此看来,陈端生的少年时光丰富多彩,平日读书写诗为乐,和妹妹诗词唱和,倒是颇为逍遥自在、无忧无虑。

绿蜡红樱,闲听帘外春雨打芭蕉;花开茶蘼,伴夏蝉鸣唱而午歇;海棠微醉,闺阁间吟诗作对;红梅妖娆,闲敲棋子掌灯夜读。这样轻松惬意的少年时光为陈端生能迅速完成《再生缘》前十六卷做好了各方面的铺垫。

### 🌸 欢歌笑谈笔底闲

陈端生动笔时,祖父尚在京城做官,全家都在北京陪侍。虽说祖父生性节俭,不过到底是官宦世家,家境也算是富足,而因为不在老家杭州,故而每日里少了些许应酬,更多了几分闲暇时间。

再者,平日里相见的祖母以及伯祖母都已回了杭州,也少了些许拘束。另一方面,陈端生的父亲因为要"留京供职",一家人暂时留在了京城。生活百无聊赖,陈端生便开始了自己这部传世著作《再生缘》的写作。

> 闺帷无事小窗前,秋夜初寒转未眠。
>
> 灯影斜摇书案侧,雨声频滴曲栏边。
>
> 闲拈新思难成句,略捡微词可作篇。
>
> 今夜安闲权自适,聊将彩笔写良缘。

"秋夜初寒",按陈端生的人生年表来看,此时应该是乾隆年间秋季,而她正值虚岁十七八的花样年华。尚未婚配,对着自己的人生有着各种绮罗旖思,叙说着自己笔下故事的同时她也在构建着自己的人生梦想。

《再生缘》的故事,不是晚明流传下来的简单俗套的才子佳人大团圆格局,更不是市井流传的艳情故事。她的小说布置恢宏大气,故事中时代描绘波澜壮阔,而对于人物的刻画又细腻生动,情节环环相扣,故事荡气回肠。

十七八岁的女子,心中都期待着一个英雄梦,希望得配佳郎,良缘天赐。而陈端生则超出了这个局限,她的笔下,真正的英雄是那美貌如仙、才情洋溢的孟丽君,她的潇洒风度才是最令人心动之处,而她笔下与其同时代的诸多男性,则都成了孟丽君的陪衬。蓦然回首,那映着光亮的,庙堂之上最风华正茂的,却是那巧笑嫣然的郦明堂。

《再生缘》是陈端生编织自己梦想的一个传奇,她写就《再生缘》本无任何功利目的,仅仅是为了打发时间聊以欢愉罢了。也许最初的读者只有她妹妹和她母亲,然后才是她的那些闺中好友。

然而,为了这区区几位读者,她却常常是挑灯续书:

仲冻天气已严寒,猎猎西风万木残。

短昼不堪勤绣作,仍为相续《再生缘》。

书中虽是清和月,世上须知岁暮天。

临窗爱趁朝阳暖,握管愁当夜气寒。

陈端生之所以这么努力写作,和她此时生活安然,灵感倍增分不开。所以爱迪生才会说:"天才是百分之九十九的汗水加上百分之一的灵感,但如果没有那百分之一的灵感,那么那百分之九十九都不再重要。"这话用在此时的陈端生身上,恐怕是最合适不过了。可惜教科书往往只保留了这段话的前半截,误导了不知多少想靠勤奋而取得成功的人。

不过如若没有了勤奋,仅仅是有着无限的才情,那么只能给世人留下遗憾。如民国才子黄侃,其师章太炎在诸弟子中最为喜欢他,希望他能多撰写文章。然而他生性洒脱不羁,曾说等到自己五十岁后再著书立说。可惜,没有等到五十岁,黄侃便得病而逝,徒留下一腔才华任后人评说。

反观陈端生,先天的才情,加上后天的刻苦,《再生缘》的前十六卷完成得很是顺利。

写作过程中陈端生每日生活非常有规律,心境也是颇为平静快乐。她常常自己作诗透露道:

> 姊妹联床听夜雨,椿萱分韵课诗篇。
>
> 隔墙红杏飞晴雪,映榻高槐覆晚烟。
>
> 午绣倦来犹整线,春茶试罢更添泉。

姐妹联床听夜雨潇潇,白日又有母亲教导诗歌,天朗气清红杏翩然如落雪,院中槐树青葱,为榻上纳凉的自己投下了浓浓的树荫。女红针黹,清泉泡茶,生活淡然舒适。

等到第二年,祖父调离京城,只剩下父亲还在京城做官,于是陈端生姐妹俩和母亲也都继续留在了京城。而在这段时间,她已完成了《再生缘》的前八卷。

之后陈端生的父亲又调任山东登州知府,全家人又跟随父亲前往上任。由于生活愉快,登州环境风景优美,这段时期成了陈端生的创作高潮期。

在这里的几个月时间内,她又完成了九到十六卷。

## 花开不语彩笔凝

然而陈端生的创作高潮等到十六卷完成之时便结束了,此后她的创作不仅中断,更是在长达十年之后才重新提笔,续写了第十七卷。

《再生缘》的故事正进行到高潮,当所有读者都关心皇上是否真的识破了孟丽君的女儿身之时,故事却突然就此刹笔,令所有人都感到遗憾不已。

关于陈端生的骤然停笔,众多研究者自然是观点多样,究竟是少年成名,江郎才尽,还是突遭变故,一蹶不振?

陈端生的命运如同她笔下的孟丽君一样,牵动人的心弦。较为一致的观点是:陈端生的停笔,不是因为她的灵感匮乏,而是她所有的创作源泉突然枯竭。

在第十六卷中,她突然录入一首感伤光阴流逝的词句:

> 起头时,芳草绿生才雨好,
>
> 收尾时,杏花红坠已春消。
>
> 良可叹,实堪嘲,
>
> 流水光阴暮复朝;
>
> 别绪闲情收拾去,
>
> 我且待,词登十七润新毫。

春来时,芳草新绿,春尽时,杏花坠落,只剩残红,光阴易逝,而那身边之人也不能和自己永远相伴。时光如流水，暮暮朝朝，这番闲情别绪更与何人诉说？

并不是说此刻的她少年识得愁滋味，感叹起"年年岁岁花相似，岁岁年年人不同"①，如夫子般看那逝去的时光如东流之水，担心自己韶光易逝，花落花开，而是此时她身边一直以来对她最为重要的那个人——她的母亲汪氏，病故了。

陈端生之所以完成第十六卷后未能接着写下去，并非旁人揣度的江郎才尽，而是她的头号知音母亲身体抱恙，她需要悉心照料母亲的日常生活。萱草不发，更为糟糕的是，在短短不到几个月的时间里，她母亲便病故了。

知音死，弦断有谁听？

此前她之所以勤奋写作，短时间内便能完成前十六卷，这恐怕也和她母亲身体不好有着一定关系。

她只是害怕，担心母亲看不到自己的书写完，不能和自己分享文章中的喜怒哀乐便抱憾而逝，那自然是令人悲伤不已。然而，母亲病逝，这《再生缘》的故事即使再继续进行下去，又有何意义？

陈端生自己曾说："自从憔悴堂楦后，遂使芸缃彩华捐。"

由此可见，对她而言，母亲才是她的第一知音，她勤奋写作《再生缘》的最大原因是为了愉悦母亲。她用彩笔描绘出《再生缘》的世界，创造出波澜壮阔的奇迹，都是为了给母亲编织一幅美丽的画卷。

然而母亲的辞世，带给陈端生巨大的打击。俞伯牙和钟子期

---

① 出自唐刘希夷《代悲白头翁》。

是高山流水话知音,然而子期死,伯牙却把瑶琴打碎,因为世上再无知音。

陈端生骤然停笔,只是因为她最初写作的动力和目的都不复存在。想当初,写作之时,有担心哪一处写得不够好面对母亲而内心忐忑;母亲读书时,看到母亲露出赞许的微笑和为自己的故事情节所完全吸引的神色,便暗自欢喜。

这些都已成了脑海里美好的回忆。沈复沉溺于对往昔的回忆中,作《浮生六记》记录曾经的点点滴滴,以此来纪念和芸娘相伴的朝夕。不同于沈复,陈端生此后是搁笔闲散度日。

或许陈端生认为,母亲不能看到的,那么一切都没有了意义,而她也不愿继续进行《再生缘》的创作,一方面是如若在灵感枯竭的前提下写出的文字,不仅是对自己曾经创作此文的一个亵渎,更是对母亲的不尊重;另一方面,写作《再生缘》的过程,无疑会唤起和母亲在一起的点点滴滴的欢乐时光,那么岂不是违背了母亲希望自己能快乐地生活的愿望?

还有一点则是,等到父亲离任一家人回到杭州时,陈端生已是二十岁的大龄姑娘了。

家中开始为她准备相亲出嫁而忙忙碌碌,百无聊赖中陈端生似乎也没有多少精力恢复写作,这段时间里,她仅仅是对旧稿做了些许润色修改。

陈端生的婚事也不是一帆风顺,中间也算是好事多磨,略费了些周折。三年后,陈端生才与范菼成亲。

范菼,字秋塘,是陈端生祖父的好友范璨之子,浙江秀水人,与陈端生母亲是同乡。

范菼当时尚未中举。根据考证家们的分析,范菼已经年过三十,但按其家庭情况来看,不像是尚未娶妻之人,他与陈端生的这桩婚事之前,恐怕已经娶亲。陈端生只是继娶,并非原配。

有人或许会为陈端生鸣不平了,认为陈家也算是书香世家,为何陈端生做了续弦?

然而从陈范两家的交好程度,以及范家的家世还有陈端生的年龄来看,陈端生嫁给范菼,也是门当户对。再者,毕竟范璨还是雍正年间的进士,也曾担任湖北巡抚、安徽巡抚、资政大夫、工部侍郎等高官。

所幸的是,陈端生嫁入范家后,两人倒是情投意合,这段时期的陈端生过得幸福美满。

她自己也写诗描绘这种幸福的画面:

> 幸赖翁姑怜弱质,更忻夫婿是儒冠。
>
> 挑灯伴读茶汤废,刻烛催诗笑语联。
>
> 锦瑟喜同心好合,明珠蚤向掌中悬。

公婆对自己爱怜有加,夫婿才名与世,期间伉俪情深,常常双双挑灯夜读,待到茶凉汤废,夫妻间联诗作对为乐,生活是说不出的惬意。

然而,在这样宽松的环境中,陈端生对《再生缘》的写作热情似乎并没有高涨起来。

或许是因为此时的她只是想安心度日,每日煮茶赏月,品花观花。又或者,丈夫虽然和自己情投意合,然而他却未能如母亲那样理解自己寄予在《再生缘》中的情感和思想。更或者,丈夫尚未中举,忙于功课,少了品读她的作品的机会。

只要两个人幸福相守便是陈端生最大的快乐,她自然无需为是否要继续进行自己的写作而忧心。

婚后一年,陈端生诞下一女,数年后又诞下一子。夫妻和乐,儿女绕膝,家庭美满,陈端生只是个知足常乐的小女子,此刻的安稳便是她最大的幸福。

### 续书成空只堪惋

然而,祸从天降,夫家突遭变故,一连串的打击让陈端生一时间适应不过来。

弹指挥间,年华老去,她的艰辛和酸楚仿佛已经写下,然而这只言片语怎能轻易概述一个人的一生?

一代奇女子沈善宝除了鬻文卖画养活自己,更是担当起养家的重任,她"独立经营八馆",甚至是"聚资葬其父母伯叔弟妹于丁家山祖墓",堪称是一个女强人。

陈端生呢,她的煎熬恐怕比沈善宝更深,她的身上笼罩着犯案者家属的头衔,当时外界的人都与他们划清关系。而家族中,即使公公婆婆都很怜惜她,但难保不会有人乱嚼舌根。

更甚者,因为丈夫是被皇上发配到边疆的罪犯,陈端生的亲友当时都是三缄其口,没人敢在文字中透露任何关于范菼的消息,只有陈端生一个人敢于抒发自己的真情实感,哭诉自己的无奈与痛苦。

与《红楼梦》中的李纨相比,陈端生的处境更加艰难。李纨的丈夫贾珠怀才早夭,李纨独自养大遗腹子,有着大众舆论的支持和大家的同情。而陈端生,她不是寡妇,然而丈夫却不在身边,她要抚养一双儿女,而身上还背负着罪犯家属的包袱。

她自己曾说过"强抚双儿志更坚",可见当时她面临的情况不见得能好到哪里去。

这些痛苦,除了她自己的《再生缘》第十七卷里面前插叙了几句,此外并未加详细描写。

有的时候对于苦难的三缄其口,只是因为经历的伤口太深,经由笔端流露出来,仿佛是要将心口上渐渐愈合的伤口生生撕开给世人看。

将痛苦埋藏得越深,外表越发营造出坚强的模样,旁人看不见自己的软弱,看不见自己的眼泪。

然而,在这么多苦难后,她仿佛是需要一个发泄的窗口,她需要借助他人的故事,抒发自己内心的悲愤。在母亲去世十二年,丈夫流放四年后她终于提笔开始续写《再生缘》。

这十二年的停笔,在她看来,只是"悠悠十二年来事,尽在明堂一醉间"。"明堂一醉",指的是第十六卷的结尾郦明堂(即孟丽君)的性别引起了皇上的怀疑,故而皇上将其灌醉,正要脱靴查验她是否是小脚。正当故事高潮之时却在此暂停,而这一停,却停了十二年。

重写《再生缘》,她的心境早已不复当初,虽然有妹妹的支持,还有一批铁杆粉丝的期待,然而"仆本愁人愁不已,殊非是,拈毫弄墨旧如心",只怕是一边写一边想到故事中和现实中的悲欢离合,相互交错,令她搁笔盈泪;一边写,她脑海中便不断重现出这十二年来的点点滴滴。人生若梦,此生已矣,她完成《再生缘》的愿望终究未能实现,她只写完了第十七卷,便永远搁笔。

后世虽有两位才女分别续写《再生缘》,然而终究是彩笔不及,《再生缘》便成为文坛一个永远的遗憾。

夜漫长,清辉遍地,月光如霜泄,只可惜现实中只剩下那凄苦的陈端生,而不是书中那位明丽的孟丽君,可以笑看人生,不用给人留下那么多的遗憾。

# 前生名士，今生美人

## ——清朝"异装癖"才女吴藻

一样扫眉才，偏我清狂，要消受玉人心许。

正漠漠烟波五湖春，待买个红船，载卿同去。

——吴藻

吴藻（清，1799—1862）：字苹香，自号玉岑子，仁和（今杭州）人。

幼而好学，与时大词人厉鹗毗邻而居，擅长作词，又精通绘画，曾作《饮酒读骚图》。自制乐府，名曰《乔影》。

嫁与商人为妻，耽于社交沙龙，着男装，游历于青楼文人之间，填词绘画，过文士生活。

丈夫死后，矢志守节，靠整理自己文集度过余生。

生性敏感，儒士情结导致性别错位，追求超越本性的生活，实为明清女性性别意识觉醒的代表。被称为是"前生名士，今生美人"。

## 🏵 买个红船载卿去

这里是仁和县（杭州）最有名的青楼，只见一名男子着一袭寻常青色儒巾长袍，骨骼清瘦，眉眼不凡，说不出的俊逸洒脱。

在青楼中的客人，有一掷千金的富商，有位极人臣的权贵，有多情耿介的穷酸阿大，也有像这男子一样的风流名士。

只见这男子和周围的文人们一道，吟诗作对，奏丝竹管弦之乐，谈笑间有儒生雅士，往来间尽是才子佳人。

> 清商随风发，中曲正徘徊。
>
> 一弹再三叹，慷慨有余哀。
>
> 不惜歌者苦，但伤知音稀。
>
> 愿为双鸿鹄，奋翅起高飞。①

听闻此言，正在弹琴的头牌林姑娘不禁抬起头来略略望了望台下这位少年公子。

知音难寻，偏偏他听出了自己琴音中的寂寞之意，想来是个知情识趣的雅士。念及此，林姑娘淡淡地笑了笑，吩咐小丫头为台下这位公子送去一杯清酒，算是作为酬答。

一来二去熟悉了，才知这男子号"玉岑子"，常常于角韵歌弦声中品赏才妓美人，对青楼女子极为怜香惜玉，并且推赏校书"珊珊

---

① 选自《古诗十九首·西北有高楼》。

琐骨"、"翠袖生寒"的羸弱之美。

金风玉露一相逢，未知他是否如那明末四公子之一冒辟疆一般，能将自己救出这火坑，如董小宛一样修得正果；又或像那位名冠天下的苏大学士，携着王朝云一起"小舟从此逝，沧海寄余生"；抑或他只是谈诗论词的柳七，惹得家家争唱柳永词？

就这样悄悄动了心，有了芳心暗许之意，便偷偷唤过童儿，透露自己愿托乔木之心。

玉岑子端起林姑娘所请的酒，嘴角微微上扬，却不点破，提笔写下一首词，递给童儿，转交给林姑娘：

> 珊珊琐骨，似碧城仙侣，一笑相逢淡忘语。
>
> 镇拈花倚竹，翠袖生寒，空谷里，想见个依幽绪。
>
> 兰针低照影，赌酒评诗，便唱江南断肠句。
>
> 一样扫眉才，偏我清狂，要消受玉人心许。
>
> 正漠漠烟波五湖春，待买个红船，载卿同去。

灯红酒绿，觥筹交错，酒过三巡，这男子离了席，潇洒而去。一灯如豆，只见他步履轻松，步入一寻常小巷，入了一户人家。

对烛独酌，迷迷糊糊中褪下长袍，独坐菱花镜前，卸下儒巾，垂下青丝若许，那菱花镜前呈现的，竟然是一个眉目如画的女子。

"买个红船，载卿同去"，不过是一时的幻想罢了。她牵动了一下嘴角，露出一丝苦笑，自己这女儿身，如何能潇洒天下，学那苏大学士旷达宇内？

还记得自己曾写下的杂剧《饮酒读骚图》，剧中谢絮才不爱红妆，自画一幅男装打扮、饮酒读骚的小影，一日还脱去女装，扮为男子,面对这幅画像豪饮痛哭。这何尝不是自己的写照?

翻阅书籍,见东晋的王恭说,想成为名士,要有三个条件:常无事,痛饮酒,熟读《离骚》。

自己明明可以做到,然而为何不能成为名士? 难道真的是因为错生了这女儿身? 就连那有着咏絮才的谢道韫在《世说新语》中也仅仅归到了"贤媛篇"名下。

着实是不甘心,就像那谢道韫嫁了王凝之的不甘,自己也借由谢絮才之口,道出这样的遗憾:

> 百炼钢成绕指柔,男儿壮志女儿愁。今朝并入伤心曲,一洗人间粉黛愁。我谢絮才,生长闺门,性耽书史,自惭巾帼,不爱铅华。

"想我空眼当世,志轶尘凡,高情不逐梨花,奇气可吞云梦",这样的心意有多少人懂得呢?

除了"居恒料家事"外,更如雅士一般"手执一卷,兴至辄吟",还常与异性如魏谦升、赵庆嬉等人对词学互相讨论请益。

吴藻虽以"扫眉才"自诩,梁绍壬在《两般秋雨庵词随笔》中也以"夙世书仙"称赞她,然而她却并无词学专著传世,她的人生目标,不是将自己的言论著书立传,而是希望树立一个可以和男性相比肩的儒雅姿态,一如欧洲的乔治·桑、波伏娃。

## 🌸 绣帘深处共谁眠

吴家位于仁和县城枫桥旁,和当时的大词人厉鹗毗邻而居。

一来是耳濡目染，二来是父亲虽然是个商人，但对于书香风雅之事却较为推崇。吴藻自小便由其父延请名师教她读书习字、填词作诗、笔墨作画。再加上她自幼聪颖，自然是一点即通。等到及笄之年，吴藻琴棋书画样样精通，在填词上更是别有一番造诣。

厉鹗是浙西词派的中坚人物，然而却屡试不第。他家贫，但性格孤峭，素喜幽静，爱好山水。吴藻后来的所作所为，包括她的心性，其实都受到了他的影响。

少女时期的吴藻过着无忧无虑的生活，家境优渥，家教宽松，此时的她便如同少女时期的李清照，每天过着春困秋乏，闲赋词句的欢悦生活。

> 燕子未随春去，飞入绣帘深处，
>
> 软语多时，莫是要和侬住？
>
> 延停，延停，含笑回他："不许！"①

读诗填词，弹琴谱曲，这样的岁月过得是十分美满。原本父亲只是希望吴藻学学诗词绘画，修身养性，将来嫁得一门好人家，幸福平淡过完一生。

只可惜吴藻太过聪颖，随着阅历的增加，她渴望同其他文人才子一道，吟诗作词，互相唱和，互相品评。三五好友，淡茶醇酒，举杯邀明月，畅谈人生，泰山观日出，湖心亭赏雪。

> 天朗气清，惠风和畅。仰观宇宙之大，俯察品类之盛，所以游目骋怀，足以极视听之娱。②

---

① 选自吴藻《花帘词》《如梦令（燕子）》。
② 选自王羲之《兰亭集序》。

洛阳陌上人回首，丝竹飘飘入青天。①

只可惜，她身边没有和她一样精通文墨的女子，亲友中也无这样可以陪她谈诗论词之人，而她作为一个待字闺中的女子，更是不可能去抛头露面，这种文学聚会她没机会参加，谈诗论词之人也难寻觅，她不禁开始有了一种孤独之感。

由此，她的词作中开始流露出这种惆怅的情绪：

> 曲栏干，深院宇，依旧春来，依旧春又去；
>
> 一片残红无著处，绿遍天涯，绿遍天涯树。
>
> 柳絮飞，萍叶聚，梅子黄时，梅子黄时雨；
>
> 小令翻香词太絮，句句愁人，句句愁人处。

——吴藻《行香子》

正是这种情绪，致使吴藻虽已到婚嫁年龄，依然待字闺中，成为"剩女"。其实，不是愁嫁，而是她愿意嫁的实在是没有。

按理说，她才情浓厚，容貌清丽，家境优渥，提亲的人踏破了门槛。然而，这些人多半是胸无点墨的纨绔子弟，吴藻当然不答应。另一方面，她能看得上的才子要不就是门不当户不对，要不就是对方畏其才名，不敢高攀。如此一来，吴藻的婚事便一再蹉跎。

总不能把女儿留成老姑婆吧，吴藻的父母越发着急了。在他们的软磨硬劝下，吴藻终于勉强答应了同城中丝绸商许家的求婚。

想来，吴藻一开始对这桩婚事是不感兴趣的。然而，作为仁

---

① 选自韦应物《金谷园歌》。

和县的一大富商,其女儿竟然嫁不出去,这是多少人等着看的笑话。

吴藻不想做简·奥斯汀,更何况她连自己的达西先生都还未曾看到过。就像葛优在电影《非诚勿扰 2》中的台词:"婚姻就是将错就错,找个人一错到底",即使心中不愿意,为了父母,她还是出嫁了。

## 知音难觅最可哀

所幸吴藻还不像贺双卿那般遇人不淑,她的丈夫许振清家是世代的丝绸商,家境富足殷实。①

许振清少年便开始经商,每天除了看账本之外,认识的字都不多,更不用期望他跟吴藻两人赌气消得泼茶香了。

许振清虽然不通文墨,却对吴藻的才情特别羡慕,对她更是百般疼爱,诸事顺着她的心意,甚至还特意为她布置了一间整洁宽敞的书房,供她读书为乐。

然而,这却不是吴藻所想要的生活。虽然安稳,可惜少了一个可以说说话的人。

---

① 《民国黟县四志》卷八《才女》和《安徽人物大辞典》记载,吴藻由于父亲在浙江杭州典业生理,遂侨于浙,嫁给了钱塘县望平村许振清为妻,年十九而寡,矢志守节,才名藻于京师,著有《读骚图曲》、《香南雪北词》、《吴藻词》、《花帘词》、《花帘书屋诗》。不知网上根据什么资料将吴藻归于二十二岁出嫁,嫁给丝绸商黄家,姑且存疑。本文笔者暂按《民国黟县四志》和《安徽人物大辞典》记载行文。

诚如《国风·陈风》所言：

> 东门之池，可以沤菅，
>
> 彼美淑姬，可与晤言。

若是不爱，那么半夜唤醒，谁还有心思听你诉说忧愁，谁会管你是否看见海棠花未眠而惊喜。婚姻所需要的，更多则是无以言说的默契。

本来婚后见许振清支持自己读书作词，吴藻还以为丈夫也是个懂风雅识诗词之人，不由得暗暗惊喜。可惜等到后来才发现不过是自己一时的错觉罢了。

每日等许振清忙完事务回家后，她便欢喜地拿出自己的新诗新词读给许振清听，可惜他并不懂得，只会倚在床头含笑称好，等吴藻抬头想问他好在哪里之时，许振清原来已经睡着了。

许振清在自己眼中，只是一个附庸风雅之人罢了。而自己这种生活，无异于养在笼中的金丝雀，主人欢喜了听听她的叫声，夸她羽毛好看，可是他怎么能知道雀鸣的动听呢？

许振清仿佛只是将她当做是一件珍贵的收藏品，每日忙完事务就擦拭一番，欣赏地说好，可惜又不懂得这件艺术品究竟好在哪里。

张爱玲那么心高气傲的女子，偏偏爱上了胡兰成，还是无怨无悔，"遇到他，她变得很低很低，低到尘埃里，但她心里是喜欢的，从尘埃里开出花来"，只是"因为懂得，所以慈悲"。爱得那么熨帖，只是因为胡兰成懂得她。

整个上海滩，惊叹她惊世的文采，惊叹她夸张的服饰，但只有他一人，懂得她最喜欢被称赞的地方，懂得说她最爱听的话："我只觉得世上但凡有一句话，一件事，是关于张爱玲的，皆成为好。"

故而，才会有她和他婚帖上的"岁月静好，现世安稳"。才会有《今生今世》中的那句，爱如桐花万里路，连朝语不息。

无人懂得，便成为吴藻最大的悲哀。这样的生活，即使安稳，却了无生趣。此刻的心情，就仿佛是冯小青临水照花："卿须怜我我怜卿"。

> 曲栏低，深院锁，人晚倦梳裹；恨海茫茫，已觉此身堕。
>
> 那堪多事青灯，黄昏才到，又添上影儿一个。
>
> ——吴藻《南乡子》
>
> 最无那，纵然着意怜卿，卿不解怜我，怎又书窗依依伴行坐？
>
> 算来驱去应难，避时尚易，索掩却，绣帏推卧。
>
> ——吴藻《浣溪沙》

知音难觅的悲哀在吴藻心中徘徊。都说《卖油郎独占花魁女》是个好结局。然而，那秦重，不过是重情重义而已，薛瑶琴最终嫁给他，不过是当时最好的选择罢了。

倘若有其他选择，恐怕薛瑶琴还是要犹豫一下的。就像她第一次见到他的情景，心想："难得这好人，又忠厚，又老实，又且知情识趣，隐恶扬善，千百中难遇此一人。可惜是市井之辈，若是衣冠子弟，情愿委身事之。"

而吴藻此刻却没薛瑶琴这般想得明朗，因为鄙视许振清的粗俗，她便懒于梳妆，无意讨许振清欢心。

许振清见她闷闷不乐，便劝她多交些朋友，调节心情。

吴藻便开始结交一些闺阁好友。然而这些女子懂得诗词的不多，能跟她相匹敌的更是少之又少，这样一来，吴藻又陷入了孤寂中。

### 莫学兰台愁秋语

吴藻羡慕谢道韫隔帘帮小叔子王献之辩论赢得世人赞叹这样的情节，希望能结交一些在艺术上有共鸣的文人才子，虽心里愁苦，然而通过这些闺中好友，她也慢慢结识了一些文人才子，这些人一般是吴藻的闺阁好友的兄弟和丈夫。

渐渐地这些词作流传到这些文人手上，他们备加赞赏，其中一些性格不羁的人士便邀吴藻去参加一些文人之间的聚会。得到丈夫同意后，吴藻欣然前往。

在这些吟诗作对的文人雅士之间，吴藻如鱼得水，整个人变得开朗起来。而她的诗词在当地文人之中也引起了极大的轰动，他们称赞她是"当朝的柳永"，她欣喜万分，以为得逢知己。

如此看来，后世的民国才女林徽因，不过是效仿她而已。然而吴藻更为胜出，因为她得人推崇是因她本身的词作突出。由此观之，远超过林徽因的"太太客厅"。

有着这样的才名，她便开始和这些文人登酒楼，上画舫，丝竹管弦之乐，曲酒流觞之欢，真真是突破世人的眼界。

然而，并非事事顺遂。即使是明朝商业发展最鼎盛的时候，依然有人提出要禁止男女共同出入茶楼酒肆,更遑论清朝?

但许振清并不横加干涉,他的愿望只是:陌上花开,可缓缓归矣。

只要妻子能开心,那么流言蜚语又算什么?他的妻子是不同于一般女人的女子,那么自然是不能用常规来约束她。

由此看来,吴藻真是比贺双卿、朱淑真幸运得多。贺双卿的丈夫叫周大旺,比她大十几岁,是个没有一点文化的佃户樵民,粗俗不堪,生性粗暴,而且嗜赌成性;婆婆杨氏更是刁泼蛮恶,不讲情理。婚后,丈夫和婆婆把双卿当成牛马役使,这位"清代第一女词人"受尽虐待而死。

朱淑真所嫁非所爱,在舆论压力下投水自尽,父母嫌其作淫词败坏门风,故在其死后将其诗作尽数烧毁。

许振清却事事顺她的心意,给她自己的独立空间,因此才让她更加无所顾忌。

可惜纵使如此,吴藻仍旧心有不甘。虽然可以和才子们相聚言欢,然而生为女儿身,终究还是有不便之处。

> 生木青莲界,自翻来几重愁案,替谁交代?愿掬银河三千丈,一洗女儿故态。收拾起断脂零黛,莫学兰台愁秋语,但大言打破乾坤隘;拔长剑,倚天外。人间不少莺花海,尽饶他旗亭画壁,双鬟低拜。酒散歌阑仍撒手,万事总归无奈!问昔日劫灰安在?识得天之真道理,使神仙也被虚空碍;尘世事,复何怪!

本是红粉女子身,如何能成朗朗须眉汉,不过是空想罢了。然而,脱下红装换男袍倒是不难。故而在后来的文人相会时,她便换上了儒巾长袍,分明是一浊世翩翩佳公子。

如此一来,她便放心大胆地出入茶楼酒肆,甚至是与大家到妓院中寻欢作乐,谈情说酒。

## 假凤虚凰性天高

看起来,仿佛是在这位林姑娘身上,吴藻看到了爱情,想着效法曾经的范蠡载西施,"买个红船",携隐山林。

有人曾据此说吴藻有同性恋倾向,其实她不过是玩玩假凤虚凰的游戏,聊以慰藉罢了。

就像她感叹自己错身了女儿身一样,她的愿望不过是可以和文人雅士一样畅游各地,不受拘束。

白天和人雅聚,夜晚回家,却心怀落寞,这样的心境下,她提笔写下:

> 长夜迢迢,落叶萧萧,纸窗儿不住风敲。
>
> 茶温烟冷,炉暗香销,正小庭空,双扉掩,一灯挑。
>
> 愁也难抛,梦也难招,拥寒食睡也无聊。
>
> 凄凉境况,齐作今宵,有漏声沉,铃声苦,雁声高。

处境优渥,衣食无忧,丈夫对她是百般爱慕和纵容,然而她的心中依然是日益苦闷,颇有"人人争唱饮水词,纳兰心事几人知"的感觉。

吴藻忧愁,她怨自己命苦,而她真正的悲剧也许就在于看的书太多,对于她而言,太过才高,抑或是她的"心比天高"①。

谢道韫嫁王凝之,婚后无比怨恨道:"一门叔父,则有阿大、中郎;群从兄弟,则有封、胡、遏、末。不意天壤之中,乃有王郎!"

嫁得文人雅士一个,琴瑟和谐,每日诗词唱和,赌气消得泼茶香,月下赏花饮酒,花下品茗焚香,这便是她心中理想的婚姻生活。

如此看来,吴藻是一个颇为小资的女人,然而她嫁的丈夫偏偏是一个务实憨厚之人。婚姻就像鞋,合不合脚只能是自己说了算。吴藻这种讲究情调之人自然会觉得这桩婚事百般不合脚。

人们总是像海德格尔所说,希望生活在别处。故而,这种痛苦更让吴藻对生活充满了压抑之感,渐渐地开始对自己的女性身份产生不甘。她从内心深处开始期盼自己是个男儿身,内心便开始分裂。

在她的作品中她借着"自惭巾帼"道出自己内心的无奈和挣扎。她崇尚与男性文人结交,聚会,甚至是干脆洗尽铅华,长袍儒衣,踏遍青山,饮尽美酒,轻吟诗词,好不畅快。

不同于柳如是做男子打扮,小舟拜访钱谦益,只为赢取他的欢心;也不是张爱玲奇装异服在整个上海滩的惊世骇俗,吴藻这样的做法只是因为她觉得"英雄儿女原无别"。

在当时,女扮男装可以说是被认为是人妖之举的,因为女性的地位低下。因此,吴藻扮男装,逛妓院,这样的举动虽然看起来惊世骇俗,但也只是想摆脱女性身份带给她的不公而已。

她并未爱上过任何人,她的感情永远都是存在于她的幻想中。曾有人说,许振清见吴藻没有夫妻琴瑟和谐的想法,便纳了几房妾,

---

① 选自《国风·唐风·葛生》。

即使是当着她的面卿卿我我,她也视若无睹。

是真的不在乎吧,才能做到如此的心如止水。

年少时曾想过觅得一位举案齐眉的才子,然而却最终嫁得一介富商,心中爱情的幻想渐渐变成了对自我身份的认定。这才是导致她心理变化的根由吧。

## 百岁之后何处归

她不爱她的丈夫,只是一味沉浸在自己的幻想中,整日吟诗作词,放浪形骸,自然是不曾为他生下一儿半女。

也许,在她的心中,这个男人是与自己没有多大联系的,她的生活完全建立在了自己的幻想上。

十载年华匆匆过,那个她认为无关紧要的丈夫骤然离世。他死时,她未曾表现出多大的悲痛,有的,也许只是对生命的惋惜和一个熟悉的人离开的伤感。

这个男人,与自己,仿佛并无太多交集。

他不会作诗写词,只会每天对着账本算盘;他不会花前月下,只会给她每天的丰衣足食;他不会和她游山玩水,只会傻呵呵地听她偶尔兴起讲讲自己的游览经历。

然而,渐渐地她开始发现生活和以前不一样了。有种孤单开始在心中蔓延,迫切的寂寞开始袭来。

我们常常期待遥远的美好,却忽视身边的风景;常常向往彼岸的生活,却无视身边的情怀;常常感觉到爱情在别处,却对近在咫尺的爱视而不见。

——电影《面纱》台词

也许，有的东西真的要失去之后才会觉得珍贵，才会想要去珍惜。

她曾经厌烦的东西现在都变得可亲可昵起来。于是，她的词作中开始出现了她丈夫的身影：

> 门外水潾潾，春色三分已二分；旧雨不来同听雨，黄昏，剪烛西窗少个人。
>
> 小病自温存，薄暮飞来一朵云；若问湖山消领未，琴样樽，不上兰舟只待君。

何当共剪西窗烛，过去这样的感情是不会在她身上发生的吧。只是有的时候，沧海桑田之后，才会后悔莫及。

> 许多时候，人就是隔着面纱感受生活，没有得到的，那是雾里看花，总觉得朦胧而神秘，自然是好；已经拥有的，那面纱遮挡住探求的热望，彼此并不了解，近在咫尺，但是心的距离却很遥远；面纱也意味着人与人之间永恒的隔膜，所以爱的错位在所难免。

——电影《面纱》台词

她为自己的心灵披上了面纱，拒绝任何人的进入，也拒绝了任何人带来的温暖。这样的面纱为她营造了爱情的幻想，却隔绝了她和现实的交汇，让她看不见身边的爱意和熨帖。

直到许振清死后，她才突然发现，这层面纱已被人揭开。曾经近在咫尺的人，却未能备加珍惜。

他虽然不会作诗写词，但他会怀着欢喜来看她作诗写词；他不会花前月下，但见她不开心他会想办法开导她劝她多交朋友增长见闻；他不会和她游山玩水，但他会不顾流言蜚语坚定不移地站在她身边支持她。

感情这件事，最珍贵的莫过于"未得到"和"已失去"，未得到的是心头的朱砂痣，已失去的是触碰不及的白玫瑰。

人生就是一场旅行，我们总会遇上不同的人。然而，并不是每一个人或者我们所认定的那个人会最终陪伴我们到最后。

有的时候我们会不知不觉承了对方的好，却把这种好慢慢当成了习惯，直到这个人离开，才会骤然发现那个人对自己的重要性。往者不可追，或许等到失去之后才能明白自己内心最真实的想法。

> 一卷离骚一卷经，十年心事十年灯，芭蕉叶上几秋声！
> 欲哭不成还强笑，讳然无奈学忘情，误人在自说聪明。

曾经沧海难为水，之后的吴藻"矢志守节"，索性独身移居到南湖僻静处，看花阅书，仿佛是伴着青灯古佛度日，归于平静。

虽然不再嫁，但并不是说将自己完全封闭，生活在一具躯壳中。

> 我爱的人死去了，而我还要活下去，活完我的人生。

在南湖幽居中，她将自己的词作一一整理出来，编成了两本集子，一是《花帘词》，收集的是三十岁以前的词作；一是《香南雪北词》，在道光二十四年刊成，汇入了她三十岁以后的作品。因了这两本词集的刊行，吴藻的词名远振大江南北，"才名藻于京师"，而她自己仍静静地守着南湖，看花开花落，云卷云舒，闲散度日。

临花照水，吟诗作对，只是少了那个共剪西窗烛之人。

# 南山有鸟名啄木

## ——清朝真正的最后一位皇后隆裕

先帝将亲政，旁求内助贤。宗臣躬奉册，天子自临轩。

长女爰迎渭，元妃凤号嫄。未央新受玺，长乐故承欢。

问寝趋西苑，从游在北园。太官分玉食，女史进银环。

璧月临华沼，明河界披垣。铜龙宵咽漏，香兽晓喷烟。

礼数元殊绝，恩波自不偏。螽斯宜揖揖，瓜瓞望绵绵。

就馆终无日，专房抑有缘。齐纨虽暂弃，汉剑故难捐。

　　　　　　　　——王国维《隆裕皇太后挽歌辞九十韵》

隆裕皇后（1868—1913）：叶赫那拉氏，名静芬，小名喜子。

于光绪十五年正式封为皇后。光绪三十四年宣统皇帝即位，称兼祧母后，尊为皇太后，十一月拟定徽号曰隆裕皇太后。宣统三年，率同皇帝下诏逊国。

终身不得光绪帝宠爱。逊位后自觉辜负了大清江山，身心饱受折磨，含恨而终。

有学者认为"隆裕为人，庸懦无能，对权力却非常热衷"；也有文献中形容她"总是很和善"、"非常有教养"、"细心体贴"、"温雅有礼"。她被清史研究者认为是清朝真正的最后一位皇后，而非婉容。

## 庭院深深深几许

光绪十五年正月二十七日,黎明之前,寒风猎猎,然而大清门外御道两旁却是兴致勃勃围观的百姓。时值多事之秋,同治帝举行大婚的十五年后,难得有件喜事可以暂时安抚那些流离的心。这样热闹的场面已几十年未得一见,迎娶皇后这样的旷世盛典,自然是沿途人头攒动,整个皇城差不多是倾城而出。

时近寅时,灯火辉煌中奉迎仪仗伴着鼓乐声中由远及近,只见王公大臣、命妇内监、御前卫士前后簇拥着凤舆,庄严喜庆,队伍整齐有序,逶迤数里,深深的夜色因此而染上了一层喜气。花团锦簇中,前导的鼓乐踏入大清门时,午门上钟鸣九响,声震九城,盛况空前,围观的百姓看得目眩神迷,啧啧赞叹。

这正是钦天监选定的皇后入宫吉日。午正三刻,是奉迎皇后的吉日,光绪帝头戴珠冠身着龙袍,升坐太和殿,文武百官三跪九叩,礼部官员宣读册封皇后的诏书。奉迎正使和副使待光绪帝回宫之后,率领着奉迎大臣们前往后邸迎接皇后入宫。与此同时,瑾、珍两嫔也由神武门被迎入后宫。

是夜,她独坐宫中,自幼的教导让她显得更加端庄。沉默不言,双眼温柔地看着自己的衣袖。

她是他的表姐,然而,他是不那么喜欢她的。这从一开始她便知道,否则他那天也不会那么急着把玉如意给他人。

只是,这么一刻,她是他的皇后,如此一来,也算是做了夫妻。

齐眉举案不做奢望，长相依希望可以实现。

忆选后那天，阳光明媚，慈禧太后为皇帝选后，在体和殿，召备选之各大臣小女进内，依次排立。

当时突破重围的剩下五人，而自己作为副都统桂祥之女，慈禧之侄女，自然是太后看好的后位人选。

其次还有江西巡抚德馨的两个女儿，以及礼部左侍郎长叙的两个女儿。当时的气氛严肃静谧，太后上坐，皇上侍立，旁边是荣寿固伦公主，此外还有福晋命妇立于座后。

自己以及诸位女子面前摆着一张小长桌，上置镶玉如意一柄，红绣花荷包两对，为定选证物（清例，选后中者，以如意予之。选妃中者，以荷包予之）。

太后表面上显得非常开明，手指大家对皇上说："皇帝，谁该当选，你自己做决定吧，合意的便把这玉如意给她。"

皇上颜色淡淡，一脸谦恭："此等大事当由亲爸爸①做主。子臣不能自主。"

太后坚持让皇上自己选择，只见皇上连看都没有看自己一眼，便拿着那柄象征着后位的如意慢慢走到德馨家的女儿跟前，正准备交给她。

心中不是没有掠过一丝失落，没承想，太后却大声道："皇帝！"并朝自己这边努了努嘴。

皇上神色愕然，不过随即便明白了其中的深意，不得不转身将

①　亲爸爸是光绪帝对慈禧太后的特殊称呼，满语里称爸爸为母亲的意思。慈禧是咸丰的贵妃，光绪之父是咸丰的弟弟，母亲是慈禧的妹妹，慈禧曾说："光绪皇帝的母亲是我的妹妹，我妹妹的儿子就跟我亲生的一样。"

如意给了自己。心中掠过一丝自嘲：这样的结果本来就是注定的，不是吗？只是见到皇上眼中的阴霾还是禁不住伤感。

当时皇上看起来在意德馨家的女儿，太后怕今后她们在宫中会跟自己争宠，便还未等皇上反应过来，便匆匆将另两个荷包给了礼部左侍郎长叙的两个女儿。

据《光绪朝东华录》的记载：

> 兹选得副都统桂祥之女叶赫那拉氏，端庄贤淑，着立为皇后。特谕。

> 原任侍郎长叙之十五岁女他他拉氏，着封为瑾嫔；原任侍郎长叙之十三岁女他他拉氏，著封为珍嫔。

### 🌸 我生之后国祚衰

其实这个对隆裕皇后来说极其重要的婚礼其实来得也颇是不易。大婚在即，紫禁城白雪茫茫，宫中却突然走水，烧毁了太和殿前的太和门。火势迅速蔓延，顷刻之间，它又越过了太和门，继续向东进发。大火很快就烧毁了武备院的毡库、甲库和鞍库等多间宫室，再向东进，就烧到了昭德门。天干物燥，那恢弘的建筑物不一会儿便化作灰烬。就连当时亲临现场的帝师翁同龢也不禁在自己的日记中慨叹道："此灾奇也，惊心动魄，奈何奈何！"

大火之后，太和门化作了废墟，而皇上大婚在即，按照祖制，皇后必定要坐轿从紫禁城的正门——午门被抬入皇宫。在进入第一道"朝门"午门之后,还必须再走进第二道朝门——太和门,然后才向北进入内宫。但如今太和门被烧毁了,皇后第二道朝门不能进,对婚礼而言,无疑是不吉利的。另一方面,重修太和门自然是件耗时耗力的事情,仓促之间,难以完成。更何况光绪皇帝婚期已定,昭告天下,怎能轻易更改?

思前想后,还是慈禧太后果断:婚礼照常进行,而皇后也必须经过太和门再进入后宫。至于太和门,仓猝之间难以恢复往日的风采,慈禧又一次显示了她的手腕和机敏:责令扎彩匠日夜赶工,在火场搭盖太和门彩棚。太后一声令下,靠着搭棚、裱糊,居然真的搭起了一座足以乱真的太和门。

龙凤呈祥,合卺成礼。就这样,慈禧终于由她的侄女替她完成了一个自己无法完成的心愿,将叶赫那拉氏家族的女人由大清门经由午门、太和门被抬入皇宫。

正如电影《火烧圆明园》里慈禧所言:"我偏要叫这凤在上龙在下。"此时的大清王朝,至高的权势便全是由慈禧太后掌控。而她的侄女,她希望在她的影响下,也可以成为一名政坛风云人物。

看这大婚之喜,整个京城充满了热闹,喜庆之气,仿佛一切都是那么歌舞升平。而事实上,曾经辉煌的大清王朝

慈禧

不过就如同那纸扎出来的太和门一样,看上去恢弘壮观,而内里早已是一片腐败。

隆裕皇后和光绪帝的婚礼便在这样一种吊诡的喜庆中完成。

她得到了一场衰亡下的繁华婚礼,然而却得不到最想得到的那个人的真心。对于自古至今天下的女子而言,出嫁不是为了嫁给一个婚礼,而是为了嫁给自己心中的那个良人,然后夫妻举案齐眉,相伴白头。

然而却总有人认为给一个女人一场盛大而繁华的婚礼,一个不切实际的许诺,便是对婚姻最大的责任。

若果真如此,那《笑傲江湖》中的任盈盈又何须千山万水一定要与令狐冲相伴,她的圣姑身份任凭嫁给魔教中任何一人,又何尝会令她的婚礼掉价?

隆裕皇后便是此反证。只可惜,她没有自己选择的权利,她的婚姻,她的人生,只能按照别人所规划好的走下去。

### 谁怜憔悴更凋零

大婚之夜,心想,也许他心中并未放进过自己的位置,但夫妻感情细水长流,或许终会有恩爱那一天。

世上有那么多的夫妻,刚开始并不是一见倾心,然而最终却能和和睦睦相伴到白头。

更何况自古至今父母之命,媒妁之言的夫妻不过都是尚未来得及上演一出墙头马上①的小儿女，但并不妨碍世间那么多恩爱伉俪相知相守。

然而，从新婚开始，光绪帝便开始给她下马威。先是迫于太后的面子，对她表面上客客气气，其实是异常冷淡，不折不扣的冷暴力。

身为一国之君，却连选择自己妻子的权利都没有，喜欢的人能否留在身边，都要看别人的脸色。光绪帝虽然不能或者说不敢对慈禧显露出怨恨之意，却将怨气发泄到了皇后身上。

此后玲珑俏丽、"工翰墨、善棋"的珍嫔独得恩宠，夜夜承欢，殆无虚日。隆裕皇后不过成了这紫禁城内的一个摆设。

隆 裕

隆裕皇后又偏生不是借势撒泼逞娇之人，只得自己默默忍受，也不便对慈禧讲。而这种事情，慈禧也只能是旁敲侧击，不能从正面直接和光绪帝闹翻。光绪帝当然是当面答应得爽快，而转过身依旧对隆裕皇后不理不睬。

如此循环，隆裕皇后在不能预料的情况下就此成为政治联姻的牺牲品。

---

① 出自白朴的戏剧《墙头马上》。尚书之子裴少俊，奉命到洛阳购买花苗，巧遇总管之女李千金。二人一见钟情，私订终身，但为裴少俊之父所不容，后历经坎坷终于夫妻团圆。

另一方面，由于珍妃灵巧机敏，独得圣宠。再加上有其他妃子，光绪帝自然更是无暇顾及隆裕皇后。

自从发现自己虽然是皇帝，然而诸事不能决定这一事实之后，光绪帝便开始觉得皇后不过是太后安插在自己身边的棋子，而不是妻子。

皇上的心不在她身上，帝后关系，不过是个空架子。

野史小说中所写的失宠的皇后隆裕，利用自己的侄女名分在慈禧那里不停地打小报告，挑拨珍妃等人和慈禧的关系，是个十足招人嫌的角色。而真实的隆裕"谦让恭敬，先人后己，有善莫名，有恶莫辞，忍辱含垢，常若畏惧"，恭顺有礼，默默处在慈禧太后和光绪帝身后，是个十足的恭顺媳妇。

另一方面，她博览群书，"读过不同国家的历史"，比起那些对西方世界一无所知的清朝贵族女性，她对历史、时政自有一番见解。

德龄郡主曾在书中有过这样的记载：

> 庆亲王的四女儿（四格格）是一个年轻美丽的寡妇，她问我："你真的是在欧洲长大并受教育的吗？我听人说，谁要是到了那个国家并喝了那里的水，就会把本国的一切忘得干干净净。你到底是通过学习才会讲他们的语言，还是因为喝了他们给你的水呢？"
>
> 我提起在巴黎的时候曾碰到她的哥哥载振贝勒，当时他正途经巴黎去伦敦参加爱德华国王的加冕典礼……她说："英国也有国王吗？我一直以为太后是全世界的女皇呢。"……
>
> 等这些问题问完之后，皇后说："你们怎么那样无知，我知

道每一个国家都有一个最高统治者，而有些国家是共和政体，像美国就是，美国对我们很友好。不过遗憾的是现在到美国去的都是些平民，没准儿人家美国人以为我们中国都是这样的人，我倒真希望能够有几个满洲贵族去，好让他们知道我们到底是个什么样子。"然后她告诉我，她正在读一些不同国家的历史，当然是已经翻译成中文的。

由此可以想见，隆裕皇后是一位识大体，有一定见解的女子。也许在感情上她有些失势，然而她并未把这些懊恼怨气发泄于他人，她勤于读书，虽然寂寞，但完全不同于那些嘴碎的市井妇女。

她有自己对时事的见解，然而她又不像慈禧太后那样有着对权力的狂热，也许她的想法仅仅是，既然作为一国之后，母仪天下，那么对于四海诸内，自然应该多加了解，也是对皇上的辅助。

赫德兰曾在其著作《一个美国人眼中的晚清宫廷》中这样描述隆裕皇后：

我夫人告诉我："隆裕皇后长得一点都不好看。她面容和善，常常一副很悲伤的样子。

……她十分和善，毫无傲慢之举。我们觐见时向她问候致意，她总是以礼相待，却从不多说一句话。太后、皇上接见外国使节夫人时，皇后总是在场，但她坐的位置却与太后、皇上有一点距离。

有时候她从外面走进太后、皇上所在的大殿，便站在后面一个不显眼的地方，侍女站在她左右。在别人不注意的时候，她就会退出大殿或者到其他房中。

　　每到夏天，我们有时候会看见皇后在侍女的陪伴下在宫中漫无目的地散步。她脸上常常带着和蔼安详的表情，她总是怕打扰别人，也从不插手任何事情。"

　　她不漂亮，只是安静地做着自己的事情，像一个小小的影子，永远站在慈禧太后和光绪帝身后，一点点印证着自己的存在。

　　从现存的照片来看，隆裕皇后并不漂亮，甚至可以说是有些丑。赫德兰在《一个美国人眼中的晚清宫廷》中描写隆裕皇后的外貌："她稍微有点驼背，瘦骨嶙峋。脸很长，肤色灰黄，牙齿大多是蛀牙。"

　　然而，《我所知道的末代皇后隆裕》中却记载了这样一个情节，说是隆裕皇后的弟弟进宫探望她。她曾抱怨，说自己为何老得这样快，自己曾也不输给珍妃。

　　从隆裕皇后长期以来毫不相争的性格来看，她的这番幽怨想来不是无的放矢。《我所知道的末代皇后隆裕》里说慈禧太后暗示过隆裕皇后将来是要当妃子的，所以她家里就把她一直留着没让嫁。珍妃嫁给光绪帝的时候大致是 13 岁，而隆裕时年 21 岁，在当时可以说是位十足的剩女。

　　隆裕皇后也许年少之时平淡之中有一两丝动人之处，只是她嫁给光绪帝后始终郁郁寡欢，都说女为悦己者容，连悦己的人都没有，她还有什么心情去美丽动人？ 这样一来，自然是将自己的美丽过早地萎谢了。

　　有人说女人最美丽的时候一是婚姻美满爱情甜蜜之时，一是孩子刚刚诞生，韵味十足之时。然而，自小受到慈禧太后特别"关照"的隆裕皇后，进入这幽深的后宫，爱情从未曾眷顾过她，更不用

提赐给她一个自己的孩子。这样的女子,甚至是连独自芬芳的机
会都不曾有。

## 独唱独酬还独卧

　　而隆裕皇后与珍妃之间的关系,按稗官野史的说法,珍妃聪颖
机敏,有政见,有新思想,不畏慈禧强权,和光绪帝在偌大个紫禁城
中互相慰藉,憧憬明天。偏偏隆裕皇后横插一脚,时常给珍妃穿小
鞋,十足的下作角色。

　　而事实上呢? 并非如此。

　　比如向慈禧太后告密,说珍妃卖官。因为宫中节约用度,后宫
诸人开销都不够。珍妃的性子是断然不肯委屈自己的,因而才有
了卖官之事。

　　隆裕皇后没办法,只好靠自己节省。据一个叫信修明的太监
在《老太监回忆录》里说:

> 　　这是大家都看得到的。由于宫内为了节约用度,几乎所
> 有人的钱都不够花,皇后更是因为大事小情的需要用钱。但
> 她从来不开口向别人要,或者在太后或皇上面前说自己的
> 事情。
>
> ............
>
> 　　每年过年、过节的时候,皇后也都身先士卒,从来不吝啬
> 自己的钱,所以钱根本是不够花的。日常开销就要一大笔,
> 还有经常跟各个王府的王妃、命妇交往,也是非常大的一笔

开销。如果不赏赐，就显得皇后太吝啬。可一旦赏赐，钱是不能少的，否则会有怨言。还有，皇后宫内人口比较多，皇后就命令下边的宫女做点针线、条带以及锦匣等东西，这些东西，虽然不是皇后自己用，每年都得送人，但这些也都得用银子。

············

皇后所应管的珍妃、瑾妃也是按年按月向钟粹宫奏报。瑾妃老实，不敢浪费，所以她倒不用发愁报假账的事情，但说实话，她对底下人也不如皇后对底下人那么大度。珍妃恃宠，不听那一套。皇后对珍妃末后唱了一出"砸鸾驾"。及庚子年珍妃一死，她的糊涂账也就无须交代了。

慈禧得知珍妃卖官后，大为震惊，接着便在珍妃的寝宫密室中发现了一本账簿，上面记载着某年某月某日收某某官员多少钱等，有点像现在贪污案中的局长日记。

珍妃卖官的行为在社会上造成了很大的动荡，最直接的后果便是导致大量官员开始肆无忌惮地敛财，甚至贪污受贿。仅据《国闻备乘》记载："鲁伯阳进四万金于珍妃，珍妃言于德宗，遂简放上海道。江督刘坤一知其事，伯阳莅任不一月，即劾罢之。"

慈禧震怒，但珍妃不但不知悔改，反而还仗着光绪的宠爱，和慈禧顶嘴。慈禧太后当即对珍妃加以惩戒。根据清宫档案记载，珍妃在十月二十八日这天遭到了"褫衣廷杖"，就是被扒去衣服进行杖打。

而当时在场的隆裕皇后见此阵势，竟然给吓得晕了过去。也难怪，在清朝的历史上，皇妃遭受"褫衣廷杖"这样的处罚还是第一次。慈禧太后自然不消说,向来还算是喜爱珍妃,如今珍妃竟做出这等事情来,还敢和自己顶嘴。而隆裕皇后身为后宫之主,居然给吓晕过去,没有威严出面来管制一下,更没有劝谏皇上收心,不要纵容珍妃恣意妄为,着实叫人失望。

光绪皇帝不得已,只能在十月二十九日下了一道圣旨,将瑾妃、珍妃降为贵人,以示微惩。

珍 妃

可惜令隆裕皇后心寒的是,当她醒过来之时听到的第一句话便是姑母对皇帝的承诺:"就算皇后真的死了,你放心,我从今以后也不再为你立皇后。"

皇上不喜爱她,连太后现在也准备舍弃她。偌大一个皇宫,最为亲近的两个人,对她竟然连分毫的留恋都没有,空旷的寝宫,竟然冰冷得让人心底发寒,背脊发冷。

经此一事,光绪帝便不分青红皂白地更加厌恶隆裕皇后。另一方面,珍妃认为自己卖官的行为之所以会暴露,完

光 绪

全是因为隆裕皇后。此后珍妃、瑾妃对待隆裕皇后的态度更加恶劣。

光绪帝也从此事看到了隆裕皇后在慈禧太后心中地位的下降,再加上珍妃的枕边风,这位寂静的皇后面临着更加萧瑟的处境。


### 🌼 但愿暂成人缱绻

隆裕皇后在历史上留下的记载非常少,虽然很多学者都认为她才是清朝真正的末代皇后,然而她在《清史稿》中的记载也只有寥寥数语。

> 德宗孝定景皇后,叶赫那拉氏,都统桂祥女,孝钦显皇后侄女也。光绪十四年十月,孝钦显皇后为德宗聘焉。十五年正月,立为皇后。

这些都是对她身份的记载,官宦之女,太后侄女,一国之后,然而没有一句话是真正关于她的。仿佛她自始至终都只是别人的一个附属品而已。

身为太后的亲侄女,她没有受到亲情的温暖;身为皇帝的女人,她没有得到皇帝的宠爱;身为国家的皇后,她没有得到应享有的富贵荣华。

史书太过冰冷,掩藏了像隆裕皇后这样的女人的悲哀。一生的忧伤与痛苦,史书只给出寥寥数语,那书卷中女人的眼泪,便如同那刻字时的汗青一般被无情抹去。无怪乎曹公要在《红楼梦》中将那所谓的琼浆玉露命名为"千红一窟","万艳同悲"。

一回眸,一滴泪,无人知晓,无论当时,抑或后来。人人生而自由平等,只是,对于隆裕皇后而言,自由,不过是不敢奢望的一个名词。

生而不自由,棋子?工具?

生命空白,爱情空白,就连脸色,也是苍白的。

至于那位对她永远都只有防范和嫌弃的皇帝,他们还是有过一次相守的。只是,可能他只是把她当作监视自己的对象而已。

戊戌政变后,光绪被慈禧囚禁在瀛台,隆裕进入瀛台陪伴光绪。他变法意气风发时,不是她陪伴在身边;如今他落魄如斯,却身边只有她。只是我们都明白,这种陪伴,在当事人而言,无疑是一种变相的侮辱。

在刚刚陪伴光绪的日子里,光绪的心情非常不好。压抑的心情,政治梦想的破灭,在加上令人讨厌的隆裕天天晃荡在自己眼前,着实令人心情不爽,于是光绪皇帝变得更加烦躁,动辄就拿隆裕出气。

只是这样的打骂多了,慢慢相处下来,想来光绪帝对隆裕皇后还是有一定感情的,虽然与爱情无关。

囚禁?这一生何尝不是被囚禁在那冰冷的皇宫中。那青春年华,早像流水般逝去,还有什么值得惋惜的。

和光绪帝在瀛台相守的这段时光,也许是隆裕皇后日后最美好的回忆。隆裕皇后的一生都在期盼温暖,只要是一点点的暖意,便舍不得离开,即使是因此而受尽委屈。

### 🌸 蛩吟唧唧添萧索

政局不稳,世事多变,整个大清江河日下,行将就木。1908 年初冬,光绪帝病危,自然应该择立嗣君。

本来清朝的皇帝都是父死子继,只是光绪开了兄终弟及的先例,所以当初慈禧允诺将来光绪的儿子继承穆宗(同治帝),兼祧光绪。

无奈光绪年纪轻轻,膝下无子,只好从近支亲贵中选择。

根据慈禧以前的许诺,新君继承穆宗是肯定的,但能否兼祧光绪则没有把握。因为慈禧太后和光绪帝一直以来的冲突导致两人之间矛盾重重,故而新君如不兼祧,隆裕皇后就无法升为太后,地位将不伦不类。这将本已地位尴尬的隆裕皇后推向了更加尴尬的处境。

此时太后也已病重,她召集亲贵重臣,最终决定以醇亲王载沣长子溥仪继承穆宗为帝,果然未提兼祧之事。

幸亏张之洞恳请,慈禧太后思虑如若自己西去,那么自己这一门也就败落了,才勉强答应溥仪继承穆宗、兼祧光绪。但同时又考虑到皇后能力有限,不能仿效自己垂帘听政,所以封载沣为监国摄政王,规定嗣后君国政事均由摄政王裁定,不久,光绪

溥 仪

帝和慈禧太后先后逝世。

　　光绪三十四年十一月初九日(1908 年 12 月 2 日),溥仪登极,宣布次年为宣统元年,尊隆裕为"兼祧母后",上徽号"隆裕",史称隆裕皇太后。

　　按理说,隆裕也算是万人之上,可以安享清福。只可惜国内的革命进行得如火如荼,不久,武昌起义爆发,袁世凯上台。

溥仪与婉容

　　一方面,袁世凯已内外施压,迫使载沣辞职,将军政大权交到了袁世凯手中;另一方面,袁世凯急于夺取辛亥革命的成果,而先天不足的革命派也希望一次性解决,双方达成清帝退位、建立共和、优待皇室的协定。

　　面对袁世凯的逼宫,隆裕无能为力,只得签发了大清王朝的最后一道上谕——《退位诏书》。

1912 年 2 月 12 日,三百年的清朝就此终结。

这大清最终是亡于自己之手,隆裕百感交集,如万箭穿心,止不住泪流满面。一帮老臣也自然是呜咽不已。有着赤子之心的大学者王国维为了心中已丧的皇朝,也一早自沉于昆明湖。

倘若当时隆裕太后没有发表这份退位诏书,那么在东北受日俄两国控制的君主国,只怕会在整个清王室北逃途中"劫夺宣统皇帝,以他为中心搞满蒙独立"。

清朝灭亡了,可是,紫禁城还是那个紫禁城。

据《优待条件》规定:溥仪仍保有皇帝尊号,暂居宫中,每年由中华民国供给岁费 400 万两。

溥仪在《我的前半生》中回忆,"我给太后请安时,常看见她在擦眼泪。"

只叹隆裕不过是个简简单单的女人,结果一次次被不由自主地推向政治的风口浪尖。

宫中争斗频繁,她一次次被当做打击的对象;等到身边那些最亲近之人都离世,她却被抬出来承担一份自己不应承担的责任。这么些年,这个嫌弃她、利用她的王朝未曾为她的幸福有过一丝谋划,然而等到时局逼近之时,她却要硬生生为它承担亡国的罪名。

### 流光逝去徒哀伤

1913 年 2 月 22 日,自觉愧对列祖列宗的隆裕太后在郁郁不乐中病逝。

有着袁世凯的粉饰，葬礼自然办得是隆重而盛大，亦如那场耀花了人眼的婚礼。

隆裕太后的丧礼结束后，于民国二年三月出版了一个线装石印的特刊《国民哀悼纪事录》。

书前是一幅隆裕太后的御影，附有她宣布清帝逊位的谕旨。接着是太和殿内外哀悼大会的摄影十二幅。还有各界拍来的唁电、挽联、致祭礼节、祭文、哀悼歌伺、皇室答词、外宾名单、工作人员名单，等等。

紫式部的《源氏物语》中有一章仅有章节名内容却是空白——《云隐》。按前后文推测当是写主人公源氏公子之死。只因前文叙述了紫姬之死已是伤痛不已，故而紫式部将此章节仅留下一个题目而把内容隐去。而这里，我不想过多去铺垫隆裕皇后的葬礼有多么隆重。再多的盛大，再多的赞誉，于她都没有任何关系。她的生命开始和结束都在盛大而热闹中进行，然而这样的一生却太过悲戚。

最后她被安排和光绪帝合葬在崇陵——他嫌弃了她一世，最终还是两人合葬，未知于她，这究竟是值得欣慰还是悲伤。

命运之神错配了她的姻缘，拨乱了她的命运轨迹。纵然万般无奈，也无力去改变，因为她身上承载了家族的使命，也承载着王朝的宿命。亦或因为她太过执著，单纯将自己的一生托付给了整个紫禁城，将所有的期待都寄予他人身上，因而只能守着皇后乃至太后的头衔，幽寂一生。

# 秋水无痕长相思

## ——报业大亨史量才爱妻沈秋水

水是眼波横，山是眉峰聚。

欲问行人去那边，眉眼盈盈处。

才始送春归，又送君归去。

若到江南赶上春，千万和春住。

——王观《卜算子·送孟浩然之浙东》

沈秋水(?—1956)：原名沈慧芝，与史量才相知相恋，1925年，史量才在新新饭店旁边，仿《红楼梦》里的怡红院格局，为无儿无女的沈秋水建了"秋水山庄"。之后若有暇，史量才便偕沈秋水双栖于此。

　　1934年，史量才自杭州返沪途中，被国民党军统暗杀。随后，沈秋水即把山庄捐赠给了慈善机构，她住进了华业大楼内的一个单间，从此诵经礼佛，了此残生。逝世后墓碑上仅书"秋水居士"四字。

　　史量才横死，沈秋水焚琴谢知音，独身一人静度余生，情深意重，令人不胜唏嘘。

### 素衣断琴谢知音

　　灵堂上,遗照上的他还是那么神采奕奕,宛若他们当初相识的样子;灵堂中,一片肃穆,只剩下一片秋水般的沉寂。

　　她的眼中,天是白的,地是白的,世界所有的事物都是苍白的。素白的灵堂的掩映下,她的脸是那么苍白,连嘴唇都因过度的悲痛和憔悴而失去了色彩,那曾经盈盈的秋波此时暗无神采。

　　还记得他在自己眼前慷慨激昂阐述革命理想,还记得他一腔热血投身办报事业,还记得当初秋水山庄中和他琴瑟和鸣的时光。

　　点点滴滴,在心中,所有的片段,都恍若刚刚发生。然而,回过神来,故人却已不在身边,连当初那残存的三分之一的爱意从今以后也没有了,空气中凉意袭来,所有的一切都难追忆。

　　且慢一步饮下那忘情水,最后听一曲我这焚尽了相思所奏出的曲子吧。西方神话中奥菲斯能靠着自己的竖琴从冥府带回自己的爱妻,而我纵使没有那份才能,那么这你最爱的曲子就算是为你在路上作伴,让你不再孤单不再寒冷。①

此曲终了,你也许就永远远去了,生死相隔,今后只能是咫尺天涯,梦中才能相聚了。回首那些相守的日子,真真是太过短暂。

想当初新婚之际,你意气风发,指点江山,豪情万丈,仿佛自己也开始激昂慷慨起来。

素手抚弦,清音缓起,《广陵散》的乐音宛若敲击战鼓,声声袭来。此刻的心仿佛是回到了魏晋之际,回到了那个午后的刑场。

但见那巍峨如玉山的男子,纵使被反绑了双手,脸上却丝毫不减刚毅之色。他形神超脱,双眼掠过了刽子手,掠过了底下跪倒为他请愿的三千太学生,掠过了远处有着鹰隼般眼神的司马昭,看着远处的夕阳,眼神中没有眷恋,倒是超然的神情。

他是在怀念和长乐亭主在竹林琴瑟相合的情景,还是在回想当初模仿哥哥嵇喜从军场景"手挥五弦,目送归鸿"的时刻,还是盼和阮籍一道去旷野痛哭一番?

明明是临死之人,然而此刻却一片淡然之色。只听得那高高在上的司马昭冷冷地传来一句话:"嵇叔夜,你还有何未了之事?"

只听得他回过神来,道:"拿琴来。"

遍抚琴身,眼中却是不舍之意,他缓缓道:"从前袁孝尼想跟我学《广陵散》我不答应,现在看来这《广陵散》怕是要失传了。"

一曲终了,血溅夕阳,他用生命的质度给那个时代增添了一抹亮色。

---

① 奥菲斯:太阳神和音乐之神阿波罗与歌唱女神卡莉比欧之子,音乐天才。其竖琴能令鬼魂感动,后入冥府寻找救活亡妻欧律狄克的方法,失败。

随着手指的拨动,节奏越来越快,心思又回到了当初枪响的那一天。就那么几声连贯的枪响,便这样残忍地带走了他。

本以为是"山无陵,天地合,乃敢与君绝"①,再怎样的情深意重,终究是抵不过死神的突然来袭,从今以后伶仃孤苦,只能是眼睁睁看着他永久远去。

满身缟素,心也如古井水波,静寂无波澜。乐曲终了,琴弦忽断,或许是冥冥中自有天意吧。

上苍怜惜自己,故而断了这琴弦,也断了此生其他情意。缓缓起身,抱那七弦琴到火钵边,猛地将其投入火中。

《广陵散》绝,知音不在,那么还要这琴来作何用?

她的焚琴之举,也算是得报知音了吧。

她爱得从容镇静,却是令举座震惊。他当初为她取名秋水,可曾想过她的爱真的如那漫天涌起的秋水,浩瀚无涯,如此深重?

## 一双瞳人剪秋水

她原名沈慧芝,聪慧可人,宛如庭中芝兰,年少时擅长鼓琴度曲,本是上海滩一名雏妓。

然而就如同有宋一朝那位擅鼓的刘娥一样,机缘巧合,她被一位皇室贝勒爷看中,从上海携往了京城。

---

① 出自《上邪》:"上邪!我欲与君相知,长命无绝衰。山无陵,江水为竭,冬雷震震夏雨雪,天地合,乃敢与君绝!"

刘娥成了皇后娘娘，而她从一名低贱的鼓琴女一跃成为贝勒爷府中人物，也算是麻雀飞上了枝头。

更幸运的是，或许这位贝勒爷对她多少还是有着一定情意的。毕竟如若仅仅是喜听她鼓琴，也犯不着大老远将她从上海带回了京城。都说欢场上无真爱，那么觅得这样一个人物为自己的余生买单对沈慧芝来说，也算是当时最好的选择了吧。

然而，好景不长，这位贝勒爷没过几年便病故了，沈慧芝待在贝勒府中恐怕日子不那么好过。

刘娥飞上枝头变凤凰，成为宋真宗赵恒的皇后，同时又是宋朝第一位摄政的太后。在任期间，功绩赫赫，常与汉室的吕雉、唐代的武则天并称，史书称她是"有吕武之才，无吕武之恶"①。这样看来，她也未免太过好命。

而沈慧芝明显没有这样幸运。所幸她生性机敏，或者说贝勒爷对她算是情真意切，死后即使是她想走贝勒府的人也未多加刁难。

想当初顾太清丈夫死后，同自己的儿女在府中生存艰难，最终依旧是逃不过被驱逐出府的命运，一代才女，处境凄凉。甚至是死后清誉都还要被人用丁香花谜案来玷污，真是叫人悲哀②。

而沈慧芝就这样轻轻松松回到了上海，两相对比，也颇见其命

---

① 出自《宋史演义》第二十四回《孙待制空言阻西幸 刘美人徼宠继中宫》。

② 丁香花谜案：贝勒王的遗妃顾太清传出与龚自珍有染，顾太清被赶出贝勒府，龚自珍被贬谪遭谋害于途中。起因为龚自珍的一首《己亥杂诗》："空山徒倚倦游身，梦见城西阆苑春；一骑传笺朱邸晚，临风递与缟衣人。"诗前小序为"忆宣武门内太平湖之丁香花"，被人捕风捉影传出与顾太清的香艳故事。

运之不同。然而,也许有人会说,沈慧芝在贝勒府恐怕只是个戏子角色,故而她离开时未遭人阻挠;抑或她并未为贝勒诞下一子半女,贝勒府的人也犯不上为她浪费精力。

但很重要的一点是,沈慧芝不是轻装回沪的,而是带着大量贵重细软回到了上海。由此我们可以想见,当初沈慧芝在贝勒府的生活还算是极好的。

回到上海后,一切早已不复如初。不过幸运的是,她此刻身负众多财物,不用像明末清初那些个秦淮名妓一样,需要重操旧业,比之那鼎鼎有名的赛金花①也算是有了个好归宿。

但此刻的她举目无亲,只能先找到在上海的一位故友。不巧的是此时故友正在与一群好友热切交谈。

见到沈慧芝造访,故友便将沈慧芝的财物交给了一位朋友看管,自己则陪沈慧芝外出吃饭。

这顿半吃饭半叙旧的晚饭吃到了晚上两人才回来。归来后却见那位朋友还守在原地,见到沈慧芝后,便将财物交还于她,然后匆匆离去。

这位替沈慧芝守护财物的人,正是当时在上海滩已经小有名气的新闻界才子史量才。

这次相遇在双方心中都留下了美好的印象,两人由此相识,之后相知相爱。

---

① 赛金花:曾作为公使夫人出使欧洲四国,也作为妓女而知名上海。在八国联军入侵北京后,曾力劝联军统帅,保护一批北京市民。赛金花曾经三度嫁作人妇。

### 君心似水空剩屋

沈慧芝随了史量才之后，将史量才看作是她的终身依靠。而另一方面，史量才对沈慧芝也是用情颇深，取庄子"秋水时至，百川灌河"①之意，为她取名"秋水"，也有"半野枯藤缠作梦，秋水文章不染尘"②的意味，视她为自己心中的"秋水伊人"。

此后，沈秋水成为史量才的二太太。她将满腔的情意和毕生的积蓄都给了他，让他一片热血地去发展他的事业，从而大展宏图。

有人可能会在这时候想起投江的杜十娘。满腔的柔情，耀眼的百宝箱，然而却是逢着一番逢场作戏，再多的深情都只是撞上了他的无情辜负。

然而，沈秋水不是杜十娘，史量才也不是李甲。1913 年，史量才接办《申报》，并首次提出了"人格、报格、国格"之说。

《申报》原是英国人美查于 1872 年创办，后由席子眉、席子佩兄弟接办。然而因为经营不善，导致连年亏损。那位中国近代史上的状元实业家张謇有意购进《申报》作为社会活动资本，考虑到史量才当时在新闻界的名声，便邀请史量才加盟。

史量才用沈秋水给他的资金，花十二万从席子佩手里接收了

---

① 出自《庄子·秋水》。
② 出自清朝邓拓自题于书房的楹联："春风大雅能容物，秋水文章不染尘"。

《申报》,买下了《新闻报》,并利用自己的才气,将两份报纸办得红红火火。在他的手上,《申报》得以发扬光大,从而成为中国影响力最大的报纸之一。他还招聘了一些当时有名的文人雅士如张恨水等人在《申报》副刊上连载了不少鸳鸯蝴蝶派的小说,进一步扩大了《申报》的销量。

年仅三十余岁的史量才,眼下正是意气风发,锐不可当。

此刻他想到了陪伴在他身边的沈秋水,于是决意为她造一幢别墅。此前多次到杭州采访,史量才对西湖甚是喜欢,因而便将建造地点选在了杭州。

穿过花港观鱼,漫步西湖大道,走过断桥,沿着葛岭山下的北山街,他们来到了新新旅馆。

秋水山庄外景

此处是宁波商人何葆龄回归自然生活所兴建,而其子何积藩将其由"何庄"改建为"新新旅馆",使其成为当年中国最豪华的旅馆之一。此后史量才所熟悉和喜爱的作家谷崎润一郎和芥川龙之介，还有诸多旧识如胡适、徐志摩、李叔同等都曾先后与新新旅馆结缘。

史量才和沈秋水最终决定将别墅选在此处。傍着何庄，面临西湖，仿照《红楼梦》中怡红院的格局，建造了一座庄园，并以沈秋水之名取之为"秋水山庄"。

庭园建造和中国传统建筑稍有不同，格调贵而不华，造型和装饰匠心独运。山庄落成后，沈秋水便到了杭州定居。

然而此刻的她，心境未必一如往昔。

这山庄虽命名为秋水山庄，然而史量才的人和心已全然不在她身上。此时的史量才身边又有了一位新的佳人，且又是一位有才有貌对他事业颇有帮助的女子。

院中菡萏静待绽放，花姿盈盈，只是少了些许欢乐，多了些许落寞。盈盈秋水间，静待的还有那位眼波盈盈的佳人吧。

他给了她一幢别墅，然而她的心又岂是一座房子可以弥补的？

后人评说这段姻缘之时，常为沈秋水鸣不平，认为她从之前的你侬我侬转变成这深深闺怨之人，想来是哀愁，那么这"秋水山庄"也应改名为"失意山庄"。

其实，我想未必如此。当初沈秋水跟了史量才之时便已是二太太的身份，只是如今这二太太身后又有了三太太而已。

更何况此时史量才的事业已发展至顶峰。1932年，《申报》已发展成为国内最有影响力的大报，日销量已达十五万份。"九一八"事变之后，许多进步人士的言论文章等都是在这里发表的。

另一方面，这段时间他对沈秋水的爱意或许也没有减弱，从他后来对沈秋水的表现便可以看出。

或许有的时候我们不能用一生一世一双人来对爱情做出要求，起码在那个可以三妻四妾的年代。谁能说得清楚他心中为何不能同时爱着几个人？他三心，但对身边之人，又或许未必是两意。

想当初胡适留学归来，收到的情书都有两大箱子，而史量才这种年轻有为、独步一时的报业大亨，有众多爱慕者更是不足为奇。

沈秋水最值得悲哀的，或许是明明知道他身边不缺彩蝶翻飞，依然是如飞蛾扑火般依靠着他，无怨无悔。

"投之以桃，报之以琼瑶"，只要他待她好一分，她便可以为他付出百倍，这便是一腔痴情。

明明知道火焰的炙热会灼伤自己，心中依旧舍不掉对那份温暖的眷恋，情愿是被伤害也要不断靠近心中的光亮。

只怕这便是沈秋水的写照。

世间多少女子痴傻如此，或者守着曾经的誓言，或者守着一丝的温暖，情愿沉溺在其中，也许只是太过贪恋这种相守的感觉吧。

柔情似水，舍不得伤害别人，情愿自己将泪水藏在自己心中，外露的只剩下一腔柔情，怪不得贾宝玉会说女儿是水做的骨肉。

## 阴阳相隔两茫茫

史量才的言行引起了国民党当局的不安。由于忌惮史量才的社会影响力，他们只能先对他进行各种拉拢，得到的结果自然是失败。

软的不行，国民党又采取了硬手段，在 1932 年对《申报》下达禁邮令，想借此来恐吓史量才。

据说史量才和蒋介石还就此进行过一番谈话。蒋说："我手下有几百万军队，激怒他们是不好办的。"而史则还击说："我们《申报》发行十几万，读者总有数十万吧！我也不敢得罪他们。"

有人或许会说这段子荒诞不羁，想来是后人编造，为了突出史量才的骨气和耿介之风。

然而，按当时民国诸君的"出格"行为来看，史量才这番做法还算是"合情合理"的。就比如那刘文典，还敢因为意见不合，一巴掌跟蒋介石打了起来。

史量才是不管不顾，一副天不怕地不怕的样子，然而他身边的好友亲朋却并不这样想。

比如后来有人透露说当时"西湖博览会"召开之际，在孤山和北山街之间建了一座浮桥，直冲"秋水山庄"。彼时便有风水先生预言"此乃凶兆"，并告诫史量才来往沪杭之间要防备小人。

对此史量才却毫不在意，信心满满地说："我在沪杭公路上没有仇家。"

但事实往往越是大意越容易出现问题。1934 年 11 月 14 日，史量才和沈秋水、儿子史咏赓还有同学邓祖询从杭州返回上海，不料车行途中，突然冒出一伙不明身份的黑衣人持枪袭击，一阵乱枪之后，前排的司机和随从当即身亡，而史量才猝不及防，只得弃车狂奔，却依然躲不过被枪袭的命运，身中数弹，当场气绝而亡。

　　而坐在他身旁的沈秋水，哪里见过这样光天化日之下凶残的暗杀场面，惊吓过度吐血数日。

　　等到痊愈后更是万念俱灰，一片痴心化作古井水，在西湖龙井路吉庆山麓一处幽静地为史量才选了一块墓地。

　　他此生最爱的女子或许不是她，然而她却是最后陪伴在他身边的人。

　　眼看着他在自己面前这样突然间死去，她惊慌失措，她无可奈何。

　　如若他还活着，起码还能见到他，听到他的声音，感受他充满爱意的眼神。然而如今，阴阳相隔，连那仅有的爱意也化作了灰烬，爱之于她，就此凋零。

　　他的离去，带走了她所有的爱意，自此，她便是萎谢了。

## 一生孤寂为君燃

　　安葬史量才后，沈秋水将秋水山庄捐给了慈善机构，那里从此由一个象征着爱情的地方变成了"尚闲妇孺医院"这样一个盛满慈爱的地方，或许这是她和他共同的愿望吧。

　　此后沈秋水又将史量才在上海的公馆也捐给了育婴堂。就此，她自己觅得一陋室，吃斋念佛，静度晚年，等到 1956 年安然离世。

　　他们未曾有一男半女，他的离去，带走了曾给予她的三分之一的爱情，也带走了她生命中所有的亮色。这座秋水山庄，或许是他留给她最大的安慰,然而她却未曾在这里颐养天年。也许在她心中,这里载满了他们彼此的爱,也载满了当日他离去之时的那份恐惧,因此她选择离开这里。更因为他是为了理想而骤然离世,那么她还有什么理由过着舒服享乐的日子而忘记那些在他身边看他意气风发抒发自己理想的岁月?

不管她是否是最爱他的女子,这漫长的时间能证明的是,她是他身边最懂他的女子。

二十多年后她安静离世,葬于杭州南山公墓,墓碑上书"秋水居士"四字。

他离开时,她正值妙龄,无儿女牵挂,又有别墅财产傍身,然而她却选择舍弃万贯家财,孤独到老。

沈秋水之墓

过尽千帆皆不是,斜晖脉脉水悠悠。

他是她在汪洋中所盼望的那条船,见过了他,爱过了他,那么今后的一切只能是曾经沧海难为水了。

她的孤身一人,是因为念及当初的情意;她的焚香诵经,是感他当时离世的凶险;她的墓碑上书"秋水居士"四字,是因为他给了她一个名字,也是给了她一个新的生命。

他当初唤她"秋水",或许未曾料想今后她的满腔情意都是为这两字做了最完美的注释。

他秋水回波,春山摇翠,芳心迎迓,彼此各承答。

诗句传情,琴声写恨,衷肠牵挂,许多时不得欢洽。①

眼中要有多少情意才能盈盈如秋水? 当初他给了她这么个名字,也许只是因为她那含情的眸子和如水般温柔的性格,却未承想她对他的爱是那么深重。

又或许,正是他的乱离,却成全了她的一番挚爱。

世间诸多看起来让人感动的爱情传奇本来不过是最平凡的爱恋,只是因为一场猝不及防,便成了红尘紫陌中叫人唏嘘不已的历史剧本。

那些始终平静守候在身边的人,因为习惯了这种平淡相偎的感觉,反而不能体会到其中蕴藏的无限炽热。等到经历一场突如其来的意外之后,蓦然醒悟又往往来得太迟,那守候在身边的已不是在耳边絮絮叨叨之人。

在尘世间游走的我们总是在得不到和已失去之间徘徊懊悔,却忘记了要及时惜取眼前人。

如今的秋水山庄,经过修缮之后已基本恢复了旧貌。然而这山庄还是旧日山庄,这水还是旧日依依之水,只是当时的人却早已无处寻觅。

---

①  出自乔吉散曲《甜水令》。

秋水山庄

谁还曾料想这静谧清闲的西湖旁,这熙熙攘攘的游人中,还掩藏着这样一处蕴含着热烈缠绵之味的所在呢?

诚如当年史量才的一位好友对秋水山庄的描绘:

> 上了船埠,便见那山庄横在英式铁门的格条间,里面有着热烈的生之气息,其情灼人。良久,让人颇感天与地的无限空旷间,有这样一幢建筑是为缠绵而筑的。人世间的真真切切,无须寻觅便已在芭蕉的冷峻、格窗的有序和卵石的幽深中侧身出来。

七十余年,这秋水山庄冷眼见过多少世态炎凉,只是还有多少人能融入那曾经的轰轰烈烈中呢?

# 粉彩丹心绘画魂

## ——民国第一女画家潘玉良

一生一代一双人，争教两处销魂。相思相望不相亲，天为谁春？

浆向蓝桥易乞，药成碧海难奔。若容相访饮牛津，相对忘贫。

——纳兰容若《画堂春》

潘玉良(1895—1977年)：中国著名女画家、雕塑家。14岁被舅舅卖给了妓院作歌妓，17岁时被芜湖海关监督潘赞化赎出，纳为小妾。

　　热爱绘画，后考进上海图画美术院(后改为上海美术专科学校)。1925年赴法国留学，后赴意大利学习雕塑。

　　1926年她的作品在罗马国际艺术展览会上荣获金质奖，打破了该奖历史上没有中国人获奖的记录。

　　对命运不服输，努力争取，从青楼雏妓，到海关监督小妾，再到美院学生，最后成为闻名世界的女画家，让人感叹其命运之传奇，也佩服其画魂精神。

## 彩笔陡然生风波

1936 年的一天,阳光照在博物馆的大门,灿烂而明媚,仿佛是寓意着新的一天的开始,新的希望的到来。然而当打开画展的大门之时,眼前的景象不禁令人惊呆了。

画展一片狼藉,其中许多幅画被毁坏,有的画则已经被偷走。那幅寓意着中华民族抗争精神的《人力壮士》不仅被人用刀恶意划破,更是有人在上面贴了一张纸条,居然写着的是"这是妓女对嫖客的歌颂"。还有那幅自己珍视的《大忠桥》也不知去向。

看着眼前的惨状,她愣愣地,说不出一句话来,脑海中一片空白,上海容不下自己,南京也容不下自己了吗? 天下之大,难道没有可以容身的小小之地?

那么多年过去了,二十多年了,曾以为通过自己的努力,不堪的岁月已经过去,这个社会可以完完整整地接受自己了。然而,事实却并非如此。

纵使自己可以用绚烂的油彩在画布上肆意涂抹,纵使自己付出再多的努力,也都是徒劳。那缤纷的色彩涂抹不掉曾经的身世,国际画家的奖章更改不了所有人对自己的看法。

难道人的一生只能带着第一个被大众打上的烙印活一辈子? 难道一点点的温暖都不肯留给自己?

老师和校长的认可,国际同行的赞赏,原来都抵不过那流言蜚语,抵不过那曾经硬生生打贴在自己身上的一个标签。

当初之所以那么钟情绘画,那么偏爱描绘自己的身体,将她刻画得完美而纯粹,线条流畅,色彩明丽,是因为这完美的作品能让自己有画下去的动力,有让自己不断努力去获得大众认可的决心。

然而,眼前发生的一切都在告诉自己,一切不过是自己的空想罢了。

这次画展已经是自己在国内举办的第五次个人画展了,那幅《人力壮士》,只是画的一个肌肉非常发达的裸体男子,用他强健有力的双臂努力搬开一块巨大的石头,而让下面楚楚可怜的小花能绽放出笑颜来。

画这幅画的时候,日本人已占领了东北三省。自己擅长人物画,并且之前已经在意大利受过专业的雕塑训练,故而创作这样一幅作品,算是自己得心应手之作。而这幅画更是为了彰显中华民族是顽强的民族,国人众志成城抗击日本侵略者,这画中的巨石象征着残忍的日本侵略者,而这男子搬开巨石则是象征着解放正在遭受蹂躏的中华民族。

这幅画不仅自己非常满意,对自己一直以来都有着伯乐之恩的校长刘海粟都觉得这幅画中壮士肌肉的线条画得特别有力。

这样明显的寓意居然会被人如此曲解,真真是让人心痛到说不出话来。

而那幅《大忠桥》则是画的南京城里秦淮河畔的一座为了纪念黄道周而建的桥。黄道周是明末的儒学大师,在明末之时率众抵抗清军,在大忠桥牺牲。

这样的两幅画,开展以来受到专业人士的好评,教育部长当时非常喜欢《人力壮士》,一定要买下这幅画。自己一开始本是打算保存这画的,然而部长的面子不可驳回,只好接受了部长的 1000 块订金,说好是画展结束后才把这幅画送过去。

然而在付完订金的晚上,就发生了这样的事情,究竟是有人嫉妒,还是人们看自己的眼光永远都是戴了有色眼镜的?

不明白,也想不通。眼前还有什么法子,去找赞化商量? 还是另谋他法?

## 远渡重洋又一波

自己还来不及从悲痛中缓过劲儿来,每日只能是假装淡定如常的样子给学生上课。可课才上到一半,赞化便一个电话来了,同时来的,还有一个令人害怕的消息——大太太来了。

电话中明显感觉到赞化的口吻不太正常,于是下课后急急赶回家中。一进家门,一股压抑的气氛迎面而来,黑云压城,让自己心中不禁又是一番忐忑。

她刚走到家门口,便听到大太太在里面声音尖锐地说:"我不管她是不是一个著名的画家,我不管她是不是一个大学的教授,她在家里就是妾,妾就得给大太太下跪请安。"

"唉。"那个给了自己新的希望新的生命的男人夹在两个人之间,无可奈何。

不忍见他为难,于是自己只能是"砰"地一声跪下给大太太请安,完成这么个仪式。

本以为自己对命运"争"了那么多年,总会留下些许安慰,到头来不过是自己的一厢情愿而已。

这么多年为绘画而付出的努力在别人看来不过是一场玩笑，这么多年所期盼的合家欢乐不过是一纸空谈，念及此，她不由得苦涩地咧咧嘴角，无限哀婉地笑了笑。

眼下的路该怎么走呢？

仿佛又回到了二十多年前那个做决定的时候。那时自己才十来岁，无处依托，不止一次想过要自杀。然而，终究还是活下去的意志战胜了心中绝望的念头。于是开始寻觅，寻觅一个可以将自己带出火坑的人。

天地苍茫，竟无一处安身之地。而到了现在，人生竟然像个圆圈，兜兜转转，仿佛又回到了原点。

难道真的是争不过命吗？

不甘心，也不想这样放弃。

以前在上海的时候，听校长讲，身为女子，更应多出外走走，增长自己的见识，开阔自己的眼界。当自己的境界提升之后，才能对自己的命运有更准确的定位和认识。在这个正在转变的社会下，女性在慢慢地提升自己的地位，然而，中间必然还要经受很多的挫折。自己要勇于去面对。

就像自己在法国学习时看过的一个小说家莫泊桑的小说《羊脂球》的结局：

> 至情，爱国的神圣的至情，
>
> 你来领导支持我们的复仇之手，
>
> 自由，我们十分宝贵的自由，
>
> 你带着你的防护者来战斗！

自己不要有羊脂球那样的命运,既然所有的人都抛弃了自己,那么就去外面增加自己的见识,让自己真正独立起来吧。

正巧这时法国巴黎举办"万国博览会",也将举办潘玉良的画展,一封邀请函,是她离开这个在自己孜孜追求的艺术上受挫、在家庭中受到压制的地方的最好契机。

1937 年,潘玉良离开了中国。这一走,便是四十年,直到死,她也未能回来,即使她心心念念着这个国家,以及国家的人。

开始是不敢,后来是不能。这让她感恩、让她流泪的祖国给了她太多牵系,然而却回不去了。

## 慧眼识君随君行

潘玉良出生于扬州,原名陈秀清,父亲早丧,姐姐在她两岁的时候也死了。然而等到八岁,和她相依为命的母亲也撒手人寰。无奈,孤苦伶仃的她便被舅舅收养了。

都说扬州出美人,潘玉良却相貌平平。她先是在舅舅家平静地待了六年,然而舅舅估摸着是觉得她不能嫁入大富大贵人家,不能帮自己赚来一份财富。在她十六七岁时,由于欠了赌债,便如同那《红楼梦》中所写的巧姐儿命运的曲子"俺那爱银钱忘骨肉的狠舅奸兄"①,被泯灭人性的舅舅偷偷哄着卖入了安徽芜湖的妓院,当

---

① 出自《红楼梦》第五回"游幻境指迷十二钗 饮仙醪曲演红楼梦",《红楼梦曲》中巧姐儿曲子《留余庆》:"留余庆,留余庆,忽遇恩人;幸娘亲,幸娘亲,积得阴功。劝人生,济困扶穷,休似俺那爱银钱、忘骨肉的狠舅奸兄! 正是乘除加减,上有苍穹!"

了雏妓。

妓院的姑娘都是要有花名的,她便有了个新名字"张玉良"。纵使万般不愿意,她终究还是当了院子里的清倌人①,死活不愿接客。

妓院的老鸨子毒打她,让她干重活儿。她想过逃,想过死,然而活下去的信念却超越了一切。她在等待着一个时机,可以永远跳出这个火坑,可以让自己为自己的命运做主。

幸运的是,她等到了。

十七岁那年,老鸨安排她接待新到任的海关监督潘赞化。表面上看这不过是外来上任的一个父母官而已。强龙还压不住地头蛇呢,那龙蛇混杂的芜湖又怎会怕这么个长官?

然而潘赞化的身世特殊,他年轻时参加过同盟会,是追随过孙中山闹过革命的。此后又参军搞革命,追随蔡锷将军一起参加过护国运动,并做了旅长。此后又告别了军旅生涯,开始从政,这才到芜湖做了海关监督。

老鸨和商会会长勾结,安排张玉良接待潘赞化是有预谋的,一方面张

潘赞化

① 清倌人:指卖艺不卖身的青楼女子。

玉良如若不从，那么她在火坑的日子只会增不会少；而如果潘赞化喜欢上张玉良，那么势必会常来找张玉良，而商会会长等人便可以趁机以潘赞化狎妓来要挟他给其过关的方便。

张玉良见潘赞化身材伟岸，但举止言谈温文尔雅，不禁下决心赌一把，向潘赞化吐露实情，请求潘赞化救自己脱离这个火坑。

张玉良没想到这样一个决定，这样一个人，竟真的扭转了自己的一生。自己毕生的光芒都因他而带来。唐传奇中红拂慧眼识珠，夜奔李靖，然后夫妻辅佐大唐创下赫赫战功。而张玉良逢着了潘赞化，宛如抓住一根救命稻草一般向着他飞奔而去，而此后不是她帮助了他辅佐了他，而是他给她带来了万丈的荣光。

她一生的灿烂都因为这个人而照亮。《大话西游》中紫霞仙子说："我的梦中情人，他是一位盖世英雄，我知道，有一天他会穿着金甲圣衣、踏着五彩祥云而来娶我。"眼前这个人，眼神温和，举止让人信任，说不定他就是救自己离开这里的良人。

当时妓院有为院中姑娘成亲的习俗，模拟真正娶亲的模样，为姑娘结一门亲。如若这位相公足够有权有钱有势，那么这姑娘就像是养着的一个外宅而已，有些类似于日本近代兴起的艺妓和她们的"水杨相公"。

潘赞化在这里"娶"了张玉良，仅仅是保证她不被其他人糟蹋而已，并非长久之计。

过了些许日子，潘赞化对张玉良道："不如我把你赎出来，送你回老家扬州做个自由人。"

张玉良泪如雨下，祈求道："大人，你救得了我一时，救不了我一世啊。我如若回了扬州,孤苦伶仃,迟早是会被人卖入另一个火坑。大人如若留下我,哪怕是做一个佣人也可以。我愿意终身侍奉大人,并将自己的姓氏改为潘。"

潘赞化看着眼前这个比自己小十二岁的女子,心中涌起些许同情之意,救人救到底,只能将张玉良带走,收做二房了。

到了上海,潘赞化为张玉良安排了住所,时不时教她读书写字,让她多看书学习知识,以此打发时间。

### 天资聪颖执画笔

其实潘赞化之所以犹豫要不要收张玉良为小妾完全是因为道德因素作祟。

一方面,他不能休弃乡下的原配夫人,诚如鲁迅纵使再怎么不喜欢朱安,还是不能将其休弃,只能在自己的文章中发泄说"母亲娶了媳妇"①。此外,潘赞化的原配不愿潘赞化纳一个妓女为妾,直到潘玉良去世大太太都没有接纳她。

另一方面,潘赞化人生阅历丰富,跟陈独秀一起办过报,情意交好,受过"五四思潮"影响,因此让他纳妾有悖于五四精神,也有悖于自己坚持的理想。

然而如若自己就这样舍弃张玉良一个人离开,无异于将张玉

---

① 鲁迅被母亲以病危电报骗回家,被迫接受包办婚姻,娶了朱安。当友人问及时,鲁迅答:"母亲娶媳妇。"

良彻底推入火坑，因而在这种道德惊论下，他选择了纳了张玉良。

本以为是英雄救美人，好一段青楼佳话。然而，其实张玉良并不漂亮，甚至可以说容貌略略有些瑕疵。

可是这有什么关系呢？他救她本来就不是因为她美貌，只是因为一时的仁善之心。他走过那么多的路，看过那么多的风景，见过那么多的女子，如何会这样轻易为一个相貌平凡，没有多少文化，甚至是身体还未发育完全的小女子停留？

只不过是她的不幸、她的苦苦哀求、她对命运的绝不屈服，让他生了保护之心。南征北战，他读过书，参加过战争，办过报，投身了政界，眼前这个普普通通的女子，用她最本真对生存最大的渴望让他有了一种想守护下去的冲动。

可以想见，在当时，这种感情无关爱情。不过，在那么一个时刻，对于张玉良而言，是不是爱情有什么关系？这一辈子就这样静

潘玉良与友人摄于上海

静地守候在他身边,为奴为婢都心甘情愿。

于是,潘赞化和张玉良到了上海。先是住在渔阳,也就是当初陈独秀创办《新青年》的地方。潘赞化在乡下是有一位原配夫人的,而此时张玉良在他身边是以小妾的身份,对外潘赞化的诸位朋友倒是称张玉良为"潘夫人"。

潘赞化一方面要养乡下的原配夫人,同时又要养活在身边的张玉良,常常是奔波在外。

张玉良在家中闲得无聊,正巧当时上海美术专科学校有个叫做洪野先生的教授,和他们做了邻居。洪野先生在家里作画的时候,张玉良在自己家中就可以清清楚楚看到他的一笔一画。

慢慢地张玉良开始对绘画产生兴趣,便天天趴在窗口看洪野先生画画,看着看着自己也开始涂涂抹抹起来。

人一生有很多次机遇,关键是你要在正好的那个点遇上,并正好利用。这样偶然性的机遇每一次也许都是对你人生的一次改变。

张玉良闲来涂鸦,正巧一次陈独秀到潘赞化家中作客发现了张玉良的涂鸦,表示赞赏,认为张玉良有绘画天赋,便极力怂恿潘赞化送张玉良出去学画。

潘赞化便将张玉良送到洪野先生处学画画。张玉良学习刻苦,加上她自己又有绘画天赋,进步很快,洪野先生非常喜欢和重视这名女弟子。

张玉良学画如此用心,进步如此之快,一方面是她自身观察用功,更有着绘画天赋,另一层面则是因为是潘赞化送她去学画,她不想额外增添潘赞化的负担,无论是舆论上还是心理上。她迫切想证明自己,想和过去的自己彻底划清界限,希望凭借一技之长成为潘赞化可以欣赏的人。

## ❀ 泼墨写意扬画名

春去秋来,转眼间张玉良已在洪野先生处学画一年有余。此时正是上海美术专科学校招生之际,陈独秀和当时创立上海美术专科学校的刘海粟都很欣赏张玉良的才华,便鼓励张玉良去考美术专科学校,潘赞化也同意了。

怀着小心和憧憬的张玉良就这样去参加考试了,也顺利考上了,不过录取的时候却出现了意外。当时教导主任没有录取张玉良,因为教导主任说此前学校因为模特的事情就已经饱受非议,如今再录取一名青楼女子,对学校的声誉不大好。

校长刘海粟当时就怒了,马上拿起一支毛笔,提笔在发榜名单上写上了潘玉良。也就是从这个时候开始,张玉良便开始正式用潘玉良这个名字,而这个名字也预示着她那段曾经不想去回忆的过往已经结束了,从今开始便是她的新生。

面临着幸运女神的垂青和眷顾,潘玉良有什么理由不好好继续学画,更何况绘画是她所钟爱的。

也是从这个时候开始,潘玉良开始接触人体素描,也开始学作人体画。刘海粟的观念先进而开放,一开始便坚持在学校内引进裸模绘画。

然而,这一模特事件,也就是前文中教导主任不肯录取潘玉良的原因之一,导致学校受到社会多方面的攻击,乃至面临着被关闭的危险。

因此,学校里学画人体画是不可能了。而对艺术有着不懈追求的潘玉良不肯轻易放弃,始终在想着如何进行创作。

当时她去公共澡堂,发现大家都是混在一块儿洗澡的。当然,在澡堂里老是盯着别人的裸体看难免会被人非议,再者如若有人知道她的过去更是会对她多加指责,这也不是一个长久之法。因此,在潘赞化不在家中时,她便对着家中巨大的穿衣镜,对着自己的身体进行临摹。

到了快毕业的时候,她展出了她的所有作品,其中就有大量的人体绘画。

我们在她的遗作中也可以发现,她的画作中裸体绘画数量非常多。这恐怕是和她当初的经历有关,在妓院中看惯了嫖客虐待青楼女子,把青楼女子的身体和性命看得比纸还低贱,让她觉得,这样的身体仿佛是肮脏的、可耻的。然而学习到知识和画画后,她开始意识到人的身体是美的,是值得赞扬的,并没有贵贱的区别。

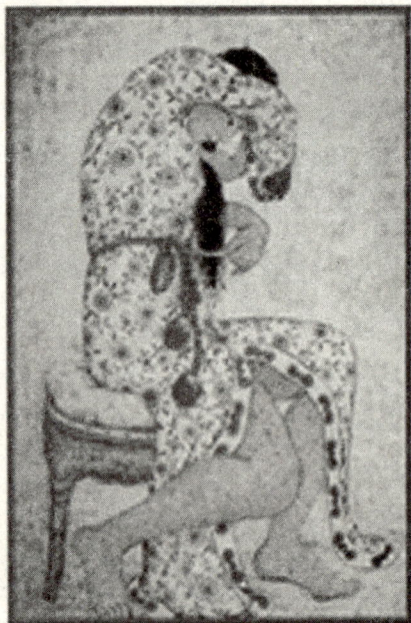

潘玉良画作:《女性》

此刻的潘玉良对人体的领悟,恐怕和莎翁在文艺复兴时借哈姆雷特之口道出的对人类的赞颂类似:

> 人是一件多么了不得的杰作!多么高贵的理性!多么伟大的力量!多么优美的仪表!多么文雅的举动!在行为上多么像一个天使!在智慧上多么像一个天神!宇宙的精华!万物的灵长!

然而,这种觉悟在当时看来太过先进,普罗大众还不能接受。

受过欧式教育的校长刘海粟意识到了潘玉良在绘画方面的可造之处,也意识到如若再让她待在国内,无疑是扼杀她的绘画才能,甚至是给她的人身带来不必要的伤害。因此,刘海粟便对潘玉良和潘赞化说,如若潘玉良能去欧洲留学,可能会对她的绘画功力更有帮助。

潘赞化在这一时刻,再一次将潘玉良的人生质点推向了高处,他向当时的安徽省教育厅申请了一个官费留学的资格。

在1921年,潘玉良独自一人踏上了去往巴黎追寻艺术之梦的旅程,当时一起的还有徐悲鸿等人。而这个官费留学的名额,其实大部分的钱都是潘赞化个人掏腰包的。

这次的离开,对于潘玉良来说,对潘赞化不是不感激的,她想留在他身边,只是这个时候,她开始觉得她可以变得独立起来,去追寻属于自己的东西,为自己的人生做主了。

在巴黎,她进一步学习了油画。20世纪初的法国,正是以马蒂斯为首的"野兽主义",以毕加索为代表的"立体主义",还有之前的"印象派"、"后印象派"等各种绘画流派并生的时代。

此外,她还去了意大利,成为东方考入意大利罗马皇家画院的第一人。她在那里学习雕塑,更深层次地巩固自己的绘画功底。就像达芬奇的做法一样,达芬奇为了能画好人体绘画,曾自己亲自动手解剖了十几具尸体,了解肌肉和筋脉构造。

博采众家之后,她曾提出"中西合于一治"及"同古人中求我,非一从古人而忘我之",由此观之,她的美学主张是中西合璧,古为今用。

她的作品兼具女性的细腻笔触和男性的有力线条,因此法国东方美术研究家叶赛夫在评论她的作品时说:

潘玉良自画像

> 她的作品融中西画之长,又赋予自己的个性色彩。她的素描具有中国书法的笔致,以生动的线条来形容实体的柔和与自在,这是潘夫人的风格。她的油画含有中国水墨画技法,用清雅的色调点染画面,色彩的深浅疏密与线条相互依存,很自然地显露出远近、明暗、虚实,色韵生动……她用中国的书法和笔法来描绘万物,对现代艺术已作出了丰富的贡献。

1927年,她的习作油画《裸体》获意大利国际美术展览会金奖,并获得了五千里拉(意大利币),这次获奖一举奠定了潘玉良在国际画坛的地位。

## 天地浩茫无处容

正当她在国际画坛一帆风顺之际,在海外见到了曾经有着知遇之恩的老校长刘海粟,刘海粟对她所取得的成就甚感欣慰,当即写下一纸聘书,聘请她担任上海美术专科学校的教授。

面对老校长的盛情邀请,潘玉良欢欢喜喜地带着自己的成绩回到了国内,结束了多年来在欧洲的漂泊之旅,回到了她曾经离开的地方。

刚开始回国时,上海美专很多老师去码头接她,包括她曾经的启蒙先生洪野先生等。起初她还是老师,到后来由于绘画水平高超,她被聘为西画系的主任,当时欣赏她与她交好的老师们还为她举办了在国内的第一次画展,画展名为《中国第一位女西画家画展》。此刻的潘玉良尝到了成功的喜悦,觉得在国外那么多年没有白白吃苦。

然而,树欲静而风不止。渐渐地便兴起各种风声,说潘玉良不过是一个妓女一个小妾,怎么可能画出这么好的画。更有人信誓旦旦地造谣说这些画都是洪野先生所画,因为潘玉良每个月都给洪野先生一定数额的钱。

这是被伪造过了的实情,因为当时洪野先生得了肺病,而他的孩子又一直没有工作,所以潘玉良每月把自己的工资拿出一半,准时送到洪野先生家中,算是对恩师的报答。

面对这些流言蜚语,潘玉良没有去过多地纠缠。作家当年明月曾说过,当初面临着各方面的指责和压力之时,马未都对他说:"你还年轻,成名太早,也成名太盛,难免会受到别人的怀疑和指摘。你所需要做的只能是忍耐和坚持。"

此时的潘玉良便是如此,她只能坚持画自己的画,用事实说话。她伴随着这些风言风语,在上海举办了四次画展。

潘玉良画作:《双人扇舞》

然而,等到她举办第四次画展之时,在展前的一个记者会上,有个记者居然站起来,十分刻薄地向她提问:"潘女士,这些画据说都是别人画的,你每个月会给那个人钱。"

当时全场安静,有等着看她笑话的,有为她担心的,有等她解释的。潘玉良听到这话,一句话未讲,只是自信而又淡淡地笑了一下,走到一个临摹她的画的学生跟前,借过他的画板和颜料,当着众人的面,对着展厅里的玻璃窗,画着自己的自画像。不多时,一幅栩栩如生的画像便当场完成。

自此,自然不会再有人怀疑她的画功问题。然而,如若一个人的清白要被人逼得在大众的聚焦灯下进行剖析证明,那是何等的屈辱?

这只是当时潘玉良所受到的屈辱的冰山一角。在学校里,慢慢地也开始有人对她心生不满。

她升做了西画系主任之后,在一次开会时本是很礼貌地征询:"前辈们还有什么意见?"便有人开始说着不着调的话:"我们这些人都老了,不中用了,现在还是人家从外面回来喝过洋墨水吃过洋面包的人才是真厉害啊。"

这些话,明着暗着冲着自己而来,未经挑明,又不能彻底翻脸,潘玉良只能是一口怨气忍在心头。然而没想到有次竟直接有人站出来说:"你有什么了不起? 你在这儿当个官,也怨不得我们学校叫'凤凰死光光,野鸡称霸王'!"

这话一语双关,既是讥讽她,更是故意戳破她那痛苦的过去。潘玉良顿时愣了,一句话也没说,直接就冲上去,一记耳光甩过去。但也因为如此,她算是和上海美专决裂了。

这次事件之后,她开始思索处理方法。上海美专是彻底回不去了,她修书一封给当时还在威尼斯的刘海粟,表示自己已辞职。同时,她还寄信给当时主持上海美专工作的王济远先生,算是告别。第三封,则是给了她曾在法国的学兄,当时在中央大学主持工作的徐悲鸿,答应到中央大学来全职应聘。

当初因为刘校长对她有知遇之恩,而徐悲鸿又是她在外留学的学兄,而偏偏刘、徐两人交恶,她两边又都抹不开面子,只能在两个学校同时任职。而现在,她已经彻底和上海美专决裂,那么只能

268

是去南京投奔徐悲鸿,继续她的艺术事业。

表面上看来她去南京是一个不错的选择,当时南京是中国的政治文化中心,而潘赞化又在南京政府的实业部工作。然而,到了南京之后,事实远非她所想象的那样。因而,才发生了我们开头所讲到的画展之殇和家庭之痛。至此,潘玉良只能远走异国他乡,再也未能回来。

## 现世安稳不能得

人们常常说潘玉良好命,如若不是潘赞化,恐怕她便要在那个见不到光的地方悲惨地度过一生了。而遇上了潘赞化,从而她的生命轨迹发生了根本性的变化。

然而,人与人的命运是不能比较的,那些表面上闪闪发光的事迹并不能完全代表那璀璨华丽背后的辛酸与无奈。诚如潘玉良,她跳出了那个火坑,并通过自己的努力成为世所公认的大画家。

她追求着心中的理想,努力实现着自己的艺术梦,不断用画笔将自己的人生涂抹得愈发瑰丽。

丹青为心,画笔为意,一开始便知道,在那个人心中,对自己有的只是怜爱之心,因此想通过这样一种方式让他看到他在自己身上付出的并不是浪费。

然而,等到功成名就之时,却是故人心已远。

想当初,他是她的天,是她的地,他不仅给了她一个新的姓氏,更是给了她一个新的生命。

**潘玉良自画像**

她对他的感激不知该用什么来表达，只能是拼命地画下去，努力地画下去。

当我们翻看潘玉良的年表时便会发现，在她出国前一段时间是空白的，或许是因为她在上海美术专科学校读书的缘故。然而，即使是在外读书，也不至和潘赞化之间连一封书信都没有吧。

等到后来1984年她的遗作包括她的所有书信被运回国时，我们才可以发现在那段时间里，她做了一个多么重大或者对她自己而言多么残忍的一件事。

她以潘赞化的名义给乡下的大太太写了一封信，大致是说我想你了，想接你来上海住。大太太接到这封信自然很是开心，开心地来到了潘赞化身边。

潘玉良这样做的原因，一方面可能是想和大太太和解；另一方面，可能是她自己没有生育能力。

潘玉良和潘赞化一起生活了那么久却未曾怀孕，或许是她已没有了生育能力，她想和大太太和好，也想给潘赞化留下一个孩子来报答他，便只能通过这样一种方式，希望潘赞化可以拥有一个孩子。

果然，当大太太和潘赞化生活在一起后，终于迎来了他们唯一的儿子——潘牟。

潘玉良非常希望能把潘牟接到南京读书,通过抚养和教育大太太的儿子,来换得家庭的整体和谐。

毕竟,自始至终,大太太就从未接受过她。当她第一次回国后,曾提出去安徽见大太太,然而潘赞化却始终没有完成她的愿望,可见大太太对她是一直抱着不小的成见的。

然而,值得高兴的是,潘玉良还是把潘牟接到了身边,像母亲一样抚养他,送他去读书。潘牟和潘玉良潘赞化一起生活了长达八九年,可见她是真心疼爱这个孩子。

她的作品中有这样一幅画,画中潘赞化戎马装束,她旁边站了个八九岁的小男孩,而她自己则是面对着镜子,坐在镜子前。这幅画题名为《我的家》。

由此可见这两个人在她心中的重要性,也可以看出潘玉良内心深处对传统家庭的热切渴望。

然而,这样的日子并未持续多久,因为事业和大太太的压力,最终潘玉良再次远走他乡。


### 🌸 异国漂泊四十年

在号称"浪漫之都"的法国巴黎,潘玉良却成为有名的"三不"女人。她不恋爱,不入外国籍,不签约画廊。她的这份骨子里的倔强倒是颇似墨西哥传奇女画家弗里达。

不恋爱是因为她心中有着对潘赞化的思念和感激。曾经沧海难为水,在那孤独的异乡,她却选择独身四十年。如若不是因为曾经的刻骨铭心,谁又能轻易做到?

不入外国籍是因为她自始至终都在盼望着回来。她的一生都在为跨越而努力,而离开。只是这次她是真的不愿离开,却不得不离开,她一直盼望着有回来的那一天。即使是她八十多岁的时候,她还是盼望着他可以写信请她回来。

她放不下那好不容易建立起来的尊严,她希望逼走她的那些人中可以有人请她回来。然而,她等到了校长刘海粟的信函,等到了她的学生、后来的外交大使黄镇先生的信函,却一直没有等到她最想等到的那个人请她回来的消息。

她放不下他,又怕他拒绝自己,只能是孤独地在法国驻扎,只能把所有的爱意全部都浓缩进对艺术的不懈追求中,坚持着她的绘画事业。

他或许想过让她回来,然而,天时不对,地利不对,连彼此的心境也都发生了改变,他该如何开口?

其实,从一开始救她出火坑,他并未对她产生爱情。然而爱情在两个人相处的时候不知不觉悄悄地萌芽,等到她离开,他才明白她在自己心中的分量。

只是,自己从来都是听从她的意见,既然她选择离开,那么这么多的伤害对她而言恐怕是她不愿再面对的,那么就放手让她离开好了。

相念而不想见,这样反而最好。

因为彼此太过在乎,太怕伤害对方,竟然是这样相隔一方,终身未能再见。

开始是不愿回来,没想到后来是不能回来。当她的画作再一次在国际上获得大奖之际,她已准备回来,然而这时却看到了这样一份报纸,说中国正在大规模地进行反右斗争,还点名批评刘海粟是大右派。

潘玉良在法国生活多年,一来她不明白什么叫做右派,二来她意识到这对于刘校长来说不是什么好事,便写信询问潘赞化。

而潘赞化回信告诉她右派就是敌人,并且还说刘海粟是右派,所以刘海粟就是敌人。甚至还在下面补充说潘牟现在也是个右派,所以潘牟也是敌人。接着潘赞化便很含蓄地告诉她,你现在是一个老太太了,如果长途跋涉的话会很辛苦,况且现在天气冷了,你就暂时不要回国了。

潘玉良那么聪明,怎么会看不出潘赞化在信中对她的暗示。不是天气冷了,是天冷了,她回来不是时候,所以千万别回来。

心心念念想回去,现在却回不去了。1959 年,巴黎市长为她颁发了"多尔烈奖",同时宣布,她的一尊张大千塑像被巴黎现代美术馆收藏,这是这个艺术馆首次收藏东方女性艺术家的作品,可见这一荣誉的重要性。潘玉良非常开心,因此当天就拍了一张照片寄给潘赞化,照片上写着"今天获巴黎大学多尔烈奖,此系授奖时与巴黎市市长留影。赞化兄惠存。玉良,一九五九年四月二十七日。"

然而,她并不知道潘赞化没有等到她的这句"赞化兄",已经在当年去世了。1960 年她才知晓潘赞化去世的消息,此后相当长的一段时间里她都不再提回国的事情。

她在法国的不入画廊原则在所有人看来是不可思议的,因为不和画廊签约就意味着没有固定的收入。要画作能够拍卖的画家一定要进入画廊,而那时候潘玉良作为一个女子却有这样的勇气,坚持不入画廊。

另一方面,她生活并不富裕,她的收入远远不够她的开销,她在巴黎并不是住在那充满着浪漫气息的市中心,而是城郊的一座小阁楼中。

但她为了自己的艺术能够独立,为了坚守她人格上的独立,坚持不入画廊。这份勇气,不知让多少人佩服。

## 魂兮归来人不在

正当她生活困难之际,有一个人始终在她身边照顾她,不离不弃,这便是王守义。

有人说王守义是她的情人,也有人说王守义仰慕她而两人却未在一起,只是保持着姐弟般的感情。

如若让我来说,我愿意选择相信后者,并非出于爱情纯洁性的理由,只是我觉得王守义能够守护在潘玉良身边,直到她死,并致力去完成她的三份遗嘱,可见他对她是守信重义,且惺惺相惜。

王守义在出国前结过婚生过孩子,到法国勤工俭学后开了一家中餐厅,潘玉良第二次来法国时生活窘困,王守义给了她不小的帮助,这样两人才开始熟悉亲密起来。

王守义对潘玉良有爱情,对这样一个独在异乡的女人充满了爱惜之情,然而潘玉良却是出名的不恋爱主义。对于王守义,她心中是有着愧疚的。

可以说,她生命中这两个男人都是对她至关重要的。她最有名也是最满意的雕塑有两座,一座是上文提及的获奖的张大千塑像,一座则是王守义塑像。而王守义的这座塑像她并未送往博物馆参展,而是放在了自己的卧室。

换言之,王守义在她身边,充当着一个知己般的角色。她依靠他,他照顾她,直到她死去。

1977年潘玉良去世后,王守义在巴黎蒙巴纳斯买了一块墓地,亲手在墓碑上写下:潘玉良艺术家之墓。

而后王守义便致力于完成潘玉良的三个遗愿:第一是在她死后为她换上一套旗袍,表明她是一个中国女人;第二,她留下了两件遗物希望能交给潘家的后人;第三,希望能把她的作品带回祖国。

1978年回国后,潘牟此时已去世了,王守义将两份遗物交给了潘家的媳妇:一份是挂着鸡心盒的项链,盒子打开里面便是一张潘玉良和潘赞化结婚时的小像,她一直挂在自己的脖子上;另一份则是一块怀表,是她第二次到法国时,潘赞化送她到江边临走时给她的,也是当年蔡锷将军送给潘赞化的。

当完成了这两件事之后,王守义又回了法国,想把潘玉良的作品全都带回来,然而却发现他耳后长了恶性肿瘤,十来天后便匆匆离世了。因为事发突然,还没来得及买墓地,朋友们便把他葬在了潘玉良的墓穴中,在墓碑上加上了他的名字和生卒年月。

后来经过中法政府间的交涉,1984年之时,潘玉良的作品一件件回来了,现大多保存在安徽省博物馆。

她等了四十年,希望能回去和他团聚,然而终究是希望落空;

他希望能再见到她,和她分享她的成功喜悦,然而还未等到她的获奖照片寄到便已离世。

四十年,她只能在信中称他"赞化兄",她只能把他们的结婚合照时时刻刻挂在脖子上,她只能用画笔将自己所有的情感抒发。

临终之际,不知她是否还记得那年在芜湖的夜晚,她哭倒在他身边祈求他带自己离开,他一脸沉着,许了她这么个承诺。

如果早知道这么多年苍茫隔断,那么彼时她还会不会在第二次离开之后,固执地要等到他的来信才回去? 焚尽了相思,孤寂了这么多年,这么多的任性,到头来却连他的死讯也是最后一个知晓。

# 【后记：日光倾城，我却未曾温暖】

　　写这本书的时候，音乐播放器中循环着不知名的纯音乐。淡淡的旋律，浸透着感伤，在写作的过程中一直都是浸透在这种情绪中。

　　向来不喜欢红颜薄命的感觉，仿佛是历史刻意造成的略带香艳的美。而后觉得，有的女性，她们的命运，仿佛已经被遗忘在了那些历史上大红大紫的女人身后，即使是贵为皇妃甚至皇后，史书关于她们的记载也不过寥寥数语。她们的一生或许有过大起大落，然而与她们自身却无多少关联，她们的喜怒哀乐，统统被隐藏在了字里行间的大量留白中。

后人少有想象，抑或未曾想起过她们，一如她们存在时。

想到她们，一种无能无力的失措感便接踵而至。无论是否愿意，她们的生命历程都已由他人决定，自己是做不得半点主的。历史一次次将她们的生命轨迹改变，她们自己却又无能为力。她们有过怨，有过恨，然而却做不出半点反抗，甚至是连反抗的能力都没有。甚或是她们反抗过，然而世人却不明白她们反抗的原因，譬如苏小小、冯小青。

如若这些女子生活在现在，恐怕都是简单幸福快乐过着安稳日子的女人。只可惜只是想想罢了。

最害怕的，便是眼中的局面脱离了自己的掌控，对前路茫茫的感觉。

从她们身上，看到了自己的这种害怕。可以说，她们到生命的最后，都没有过上自己想要的那种生活。对于周遭而言，她们很寂寞，总是不可避免地被人忘记，或者被人误读。

在她们身上，有着我们每个人都有的特质——孤独。每个人都是一座荒岛，这种孤独感是我们与生俱来的，任何人都不可避免。

陈子昂在旷野诗曰"前不见古人，后不见来者。念天地之悠悠，独怆然而涕下"；阮籍驱车向平原，无路而大哭。那是旁人无法理解的孤独，或许只可意会不可言传。

而这些女人，也许，她们的孤独更胜过我们。她们的孤独，有无人倾诉的悲哀，譬如吴藻、唐琬；有无人相知的孤单，譬如苏小小，徐昭佩……

记得某一天，隔着窗户看外面的景色，阳光明媚，可惜室内却连丝暖意都没有。看着袅袅冒着热气的杯子，突然觉得，这些女人的一生，何尝不是日光倾城，却未曾感受过温暖？

阳光照射在她们身上，万丈荣光，仿佛是命运的垂青，幸运之神的眷顾。高贵的身份，美丽的相貌，内敛的才气，只可惜，这些荣光便如同那隔着玻璃的阳光，早已失去了温度，徒留下别人的艳羡。然而，谁知道呢，或许她们真正想要的，不过是一杯水的温暖而已。

就像张爱玲所期许的那样，岁月静好，现世安稳。

2011 年 11 月于杭州